KB104253

융합교육으로
미래교육의
길을 찾다

**융합교육으로
미래교육의
길을 찾다**

발행일	2023년 3월 29일 초판 1쇄 발행
지은이	융합교육연구회
	김고경 l 김경철 l 김성천 l 김혜진 l 김희진 l 백성혜
	오윤선 l 이민영 l 이소율 l 이한나 l 임새롬 l 주현식
발행인	방득일
편 집	박현주, 허현정, 강정화
디자인	강수경
마케팅	김지훈

발행처	맘에드림
주 소	서울시 도봉구 노해로 379 대성빌딩 902호
전 화	02-2269-0425
팩 스	02-2269-0426
e-mail	momdreampub@naver.com

ISBN 979-11-89404-82-6 93370

융합교육으로 미래교육의 길을 찾다

EUREKA!

융합교육연구회

김고경 | 김경철 | 김성천 | 김혜진 | 김희진 | 백성혜
오윤선 | 이민영 | 이소율 | 이한나 | 임새롬 | 주현식 지음

맘에드림

2016년에 한국교원대학교 대학원에 융합교육전공을 신설하고 많은 강의를 개설하면서 쌓인 학문적 깊이를 책으로 풀어내기 위해 이 책을 만들게 되었습니다. 이 책에는 현대의 교수가 과거의 학문으로 미래의 인재들을 교육하는 문제를 해결하기 위하여 만든 융합교육에 대한 이야기를 담았습니다. 특히 현장 중심의 융합교육을 통해 실질적으로 융합교육 교수에 도움을 줄 수 있는 내용을 담고자 노력하였습니다.

융합은 다양한 학문을 획일적으로 묶는 것이 아니라, 오히려 모든 다양한 학문이 궁극적으로는 하나임을 깨달아 가는 과정이라고 할 수 있습니다. 그러기 위해서는 각 분과 학문 안에 머물러 있어서는 안 되고, 분과 학문에서 벗어나 다른 학문들과의 관련성을 이해하는 과정에서 나온다고 생각합니다. 따라서 융합교육을 통해 오히려 자신이 배운 특정 분과 학문을 더 깊이 이해할 수 있는 것입니다. 이는 마치 사람이 자신 안에 매몰되어 있기보다, 다른 사람과의 교류를 통해 자신이 어떤 사람인지를 더 잘 이해할 수 있게 되는 상황에 비유할 수 있을 것입니다.

　이 책의 저자들은 각자 자신만의 고유한 융합교육의 이야기를 풀어 갔지만, 이러한 다양성은 획일화된 융합교육 프로그램과 달리 융합교육의 궁극적인 목적에 부합한다고 봅니다. 융합교육의 궁극적인 목적은 모든 학문이 본질에서 같은 목적을 가지고 있다는 것을 깨닫고, 이러한 목적을 달성하는 데 필요한 실천적 교수 역량을 기르는 방법을 찾는 것이고, 이 책은 그러한 학문적 탐색의 여정에서 나온 산물입니다.

　앞으로 꾸준히 관련 책을 출판함으로써 융합교육의 학문적 깊이를 더욱 확장해 나가고자 합니다. 이 책은 그러한 목적을 가진 첫 출판 저서로서 그 의미와 가치가 크다고 생각합니다. 이 책을 통해 미래 시대의 인재 교육을 위해 융합교육을 궁금해하시는 많은 독자가 도움을 받기를 바랍니다.

2023년 봄에 다락리에서

한국교원대학교 융합교육전공주임

백성혜

차 례

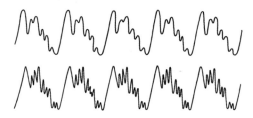

융합교육은 알려진 지식을 결합하고 새로운 지식을 창조하는 능력을 개발하는 교육 방법이다. 교육에서 융합적 사고를 촉진하는 방법 중 하나는 학생들이 여러 분야의 지식을 결합하는 프로젝트 학습에 참여하도록 하는 것이다. 이것은 학생들이 여러 과목들 간의 연결을 식별하고 적용하는 능력을 개발하여 창의성과 혁신적인 아이디어를 창출하는 능력을 배양하는 데 도움을 줄 수 있다. 융합교육이야말로 빠르게 변화하는 세계에서 학습자 개개인의 경쟁력을 높이는 데 도움이 되는 학습 방법이다.

1장

과학자의 융합적 사고 과정[1]

- 백성혜 -

1. 이 장은 이상희·백성혜(2013)의 「Archimedes의 창의적 문제해결과정 분석을 통한 과학교육에의 함의 고찰」(『한국과학교육학회지』 33-1) 및 융합교육연구소(2018)의 『자유학기제 교사용지도서 프로그램북: 서로 다른 눈으로 바라보는 신기한 수학』의 내용을 재구성한 것이다.

01 융합적 사고 과정의 필요성

융합교육의 핵심은 이미 알려진 지식을 조합하여 새로운 지식을 창출해 내는 능력을 기르는 것이다. 이를 통해 우리는 학생들에게 '창의적 사고'를 길러 줄 수 있다. 새로운 지식과 가치의 창출이 중시되는 사회에서 창의적 인재가 생산해 내는 아이디어는 개인, 기업, 국가의 경쟁력을 좌우하는 핵심 요소이다. 그러나 사고 과정에서는 과학적 발견이 이루어진 과정을 생략하고 결과인 지식만을 부각하기 때문에 과학자의 융합적인 사고 과정을 이해하기가 어렵다. 이 글에서는 아르키메데스(Archimedes) 하면 떠오르는 '유레카!'에 얽힌 이야기를 통해 융합교육의 사례를 제시하고자 한다.

과학자들은 수학적 사고를 한다. 그러나 학생들은 이러한 사고를 따라가기가 어렵기에 이를 돕기 위해서는 컴퓨팅 사고를 도입하는 것이 필요하다. 이러한 융합교육의 사례를 통해 일상의 경험으로부터 탐구하면서 얻는 창의적 사고의 아름다움, 즉 심미감을 느끼는 존 듀이(John Dewey)의 실용주의 철학(프래그머티즘)의 의미를 소개하고자 한다.

02 과학자의 융합적 사고 과정 모델

과학은 자연현상을 단순하게 설명하여 가설을 만들어 내고 이를 검증하는 과정을 통해 발달한다. 가정을 만들어 내는 과정에서 융합적 사고 과정이 필요하다. 그리고 이 과정이 과학자의 창의성이다. 과학자의 창의적 사고 과정을 모델로 제시하면 〈그림 1〉과 같다.

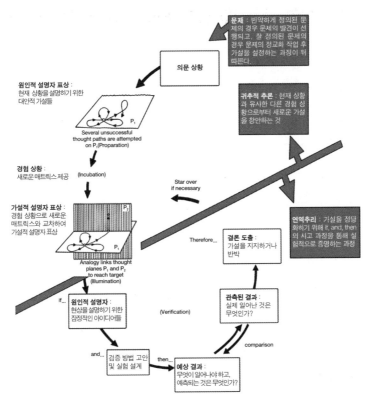

〈그림 1〉 과학자의 창의적 사고 과정 모델(이상희·백성혜, 2013)

'잘 정의된 문제'는 이미 알려진 절차를 이용하여 해결할 수 있는 것을 말한다. 반면 '빈약하게 정의된 문제'는 기존의 문제해결 절차를 사용하여서는 답을 얻기가 어렵다. 이때 융합적 사고가 필요하다. 아인슈타인과 인펠트가 과학에서 가장 중요한 것은 "문제의 발견"이라고 말한 것은 이 때문이다(Einstein·Infeld, 1938).

03 융합적 사고 과정의 이해-아르키메데스의 '유레카'

아르키메데스는 시칠리아섬 시라쿠사(Siracusa) 출신으로 당시에도 뛰어난 과학자로 알려져 있었다. 아르키메데스의 저술 내용 중에는 도형의 무게중심, 원의 넓이, 원주율, 입체도형의 부피, 극한, 정적분, 무한소와 불가분량의 발견술적 활용, 지레의 원리, 유체정역학, 부력 등 오늘날 과학과 수학 교육에서도 다루는 것들이 많다.

아르키메데스가 22세 때 시라쿠사 히에론(Hieron) 왕의 부탁을 받고 해결했다고 알려진 '왕관 문제'는, 왕관의 형태를 훼손하지 않고 순금인지 아닌지를 확인하는 것이었다. 오늘날 중학교 과학 교과서에 나오는 것처럼 순금 물질의 고유한 특성인 '밀도'를 알아보기 위해 왕이 제공한 순금 덩어리와 왕관의 질량과 부피를 측정하면 문제가 쉽게 해결될 수 있을 것이다. 그러나 이때 발생하는

| Golden wreath of olive leaves(BC 4세기: 암피폴리스 고고학 박물관 소장) | Gold Oak Leaf Crown from the Dardanelles (BC 4세기: 런던 대영 박물관) | Golden wreath from Verginia, Greece(BC 4세기: 베르기나 무덤 박물관) |

〈그림 2〉 기원전 4세기경의 왕관들

문제가 바로 '왕관의 부피를 정확하게 측정하는 방법은 무엇인가?'
이다.

불규칙한 물체인 왕관의 부피를 측정하기 위해서 하는 방법은, 왕
관을 물속에 넣어서 올라오는 물의 높이를 측정하는 것이다. 당시
왕관의 모습은 〈그림 2〉와 비슷한 모양이었을 것으로 추정된다.

이 중 가장 큰 왕관은 최대 지
름이 18.5cm이고 질량은 714g
정도였다. 따라서 대략적으로
히에론 왕이 제작한 왕관의 무
게를 1,000g으로 가정하고 지름
이 20cm인 둥근 그릇에 왕관을
담아 물의 높이가 얼마나 올라
가는지 계산해 보자.

먼저 이 그릇의 밑면적은
314㎠가 된다. 순금의 밀도는

〈그림 3〉 왕관을 물에 넣는 모습

19.3g/㎤이므로 순금이 차지하는 부피는 1000/19.3=51.8㎤일 것이다. 그렇다면 지름 20cm인 둥근 그릇에 담긴 물이 올라가는 높이는 51.8/314=0.165cm이다.

〈그림 4〉 왕관을 물에 넣어 올라온 높이를 측정하는 방법

만약 부정직한 금세공인이 30%의 금을 은으로 바꿔치기했다고 가정해 보자. 은의 함량을 더 높인다면 색이나 강도에 의해 육안으로 속임수를 알아챌 수 있을 것이기 때문에 그 정도 이상 은을 섞기는 어려웠을 것이다. 그렇다면 은의 밀도는 10.5g/㎤이므로 합금 왕관의 부피는 700/19.3+300/10.5=64.8㎤이다. 이 합금 왕관은 지름 20cm인 둥근 그릇의 수면 높이를 64.8/314=0.206cm 높일 것이다.

순금으로 만든 왕관에 의한 수면의 높이 변화는 0.165cm이고, 합금 왕관에 의한 수면의 높이 변화는 0.206cm로 그 차이는 겨우 0.041cm이다. 이 차이는 인간의 눈으로 직접 관찰하여 측정하기에는 너무 작은 변화이다. 따라서 왕관의 부피를 측정해서 그 밀도 차이로 순금 왕관인지 합금 왕관인지 구분하는 것은 불가능한 일이었을 것이다.

구전되어 오는 이야기에 따르면, 아르키메데스는 목욕탕에서

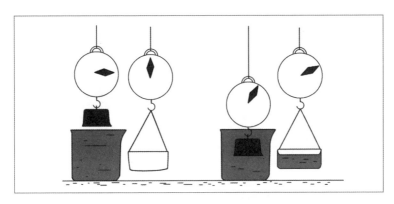

〈그림 5〉 부력은 물에 잠긴 물체의 부피에 해당하는 물의 무게만큼 물에 잠긴 부피의 무게가 가벼워지는 현상

"유레카~ 유레카~"를 외치며 달려 나갔다고 한다. 그렇다면 물속에서 그는 무엇인가를 발견했을 것이다. 여러 문헌에서는 목욕탕 물에 몸을 담그다 넘치는 물의 양을 보고, 혹은 올라간 물의 높이를 보고 불규칙한 물체의 부피 측정을 알아낸 것처럼 이야기한다. 그러나 이러한 방법으로는 정확한 부피의 측정이 어려우므로, 그는 자신이 알고 있는 지식들을 융합해서 새로운 창의적인 사고를 하였을 것이다.

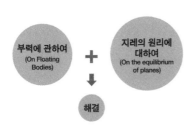

〈그림 6〉 아르키메데스가 부력과 지레의 원리를 이용하여 순금 왕관의 문제를 해결하는 과정

물과 관련한 그의 지식 중에는 '부력'의 원리가 있다. 부력은 잠긴 물체의 부피에 해당하는 물의 무게만큼 물에 잠긴 부피의 무게가 가벼워진다는 것이다.

The crown and the gold have equal weight.

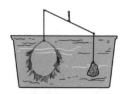

The crown displaced more water than the gold.

〈그림 7〉 아르키메데스는 물에 순금과 왕관을 넣어 보고 부력의 차이로 비밀을 풀어 가는 과정
에서 심미감을 느꼈을 것이다.

또한 그는 지레의 원리에 대한 지식도 가지고 있었다. 따라서
두 지식을 융합하여 왕관의 문제를 해결하였을 것으로 추정된다.

그는 무게를 잴 때 쓰는 도구인 천칭이 지레의 원리로 작동되는
것을 이용하여 물속에 넣었다. 만약 순금과 왕관의 질량이 같아도
왕관에 은이 약간만 섞여 있으면 순금보다 부피가 더 커지게 되므
로 지레의 수평이 깨어지게 된다. 이러한 일상의 경험으로부터 얻
은 융합적 사고 과정을 통해 아르키메데스는 심미감을 느끼고 "유
레카~"를 외친 것이다. 이를 〈그림 7〉과 같은 상황으로 제시하면
아르키메데스가 순금 왕관의 문제를 풀면서 느낀 심미감을 간접
적으로라도 느껴 볼 수 있을 것이다.

04 아르키메데스를 통해 본 융합적 사고 과정의 방향

〈그림 8〉 아르키메데스의 묘비명은 무엇이었을까?

사람은 죽기 전 자신의 묘비에 그동안 살아오면서 가장 소중했다고 생각한 어떤 것, 그것으로 인해 사람들이 자신을 기억해 주기를 바라는 것을 기록하고 싶어 한다. 그렇다면 아르키메데스의 묘비에는 무엇이 기록되어 있을까? 〈그림 8〉의 세 번째 묘비가 아르키메데스의 것인데 원뿔과 구와 원기둥의 부피비가 1:2:3이라는 것을 그림으로 표현한 것이다. 오늘날에는 수학 공식으로 도형의 부피를 구하지만, 그는 어떻게 이러한 사고를 할 수 있었을까?

먼저 그는 원주율, 곧 파이(π)를 발견했는데, 그 방법은 다음의 〈그림 9〉와 같다.

원을 6등분하면 나란히 펼쳤을 때 밑면이 둥글둥글한 호의 모습을 하고 있지만 12개, 24개로 점점 더 잘게 쪼개면 나란히 펼쳤을 때 밑면이 거의 직선의 모습에 가까워진다. 그러면 원의 면적은 원의 호 길이에 원의 반지름을 곱한 값을 절반으로 나눈 것이 된다. 삼각형의 넓이는 밑면×높이×1/2이기 때문이다. 원의 호는 원의 지름(반지름의 2배)에 비례하므로 반지름을 γ이라고 하면 비

조각의 갯수	원을 여러 조각으로 나누기	나눈 조각들을 나란히 옆으로 펼친 모습
6개		
12개		
24개		

<그림 9> 아르키메데스가 원주율을 찾는 사고 과정

례상수 π를 사용하여 $2\pi\gamma$이 되고 이것이 밑면이 된다. 거기에 높이인 반지름 γ을 곱하고 1/2를 곱하면 원의 면적은 $2\pi\gamma \times \gamma \times 1/2 = \pi\gamma^2$이 된다.

정확한 π값은 원을 조각내는 삼각형의 개수를 늘리면서 내접다각형의 길이와 외접다각형의 길이를 좁혀 가다 보면 3.141592653589793238462643383279에 수렴해 가는 것을 확인할 수 있다.

지금은 지오지브라(GeoGebra)와 같은 컴퓨팅 사고를 활용해 이러한 작업이 가능하므

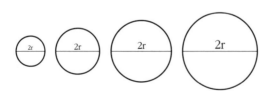

<그림 10> 원둘레의 길이와 원지름(2γ)은 비례

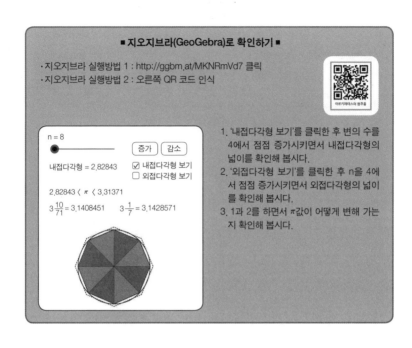

■ 지오지브라(GeoGebra)로 확인하기 ■

· 지오지브라 실행방법 1 : http://ggbm.at/MKNRmVd7 클릭
· 지오지브라 실행방법 2 : 오른쪽 QR 코드 인식

n = 8

증가 감소

내접다각형 = 2.82843

☑ 내접다각형 보기
☐ 외접다각형 보기

2.82843 〈 π 〈 3.31371

$3\frac{10}{71} = 3.1408451$ $3\frac{1}{7} = 3.1428571$

1. '내접다각형 보기'를 클릭한 후 변의 수를 4에서 점점 증가시키면서 내접다각형의 넓이를 확인해 봅시다.
2. '외접다각형 보기'를 클릭한 후 n을 4에서 점점 증가시키면서 외접다각형의 넓이를 확인해 봅시다.
3. 1과 2를 하면서 π값이 어떻게 변해 가는지 확인해 봅시다.

로 아르키메데스의 생각을 학생들도 쉽게 따라갈 수 있다.

원기둥도 같은 방법으로 원을 쪼개면서 면적을 구해 보X면 $\pi r^2 \times$ 높이(h)가 된다. 이때 원기둥 안에 반지름이 r인 구가 들어간다고 가정하면, 높이(h)는 $2r$이 되므로 원기둥의 부피는 $2\pi r^3$이 된다.

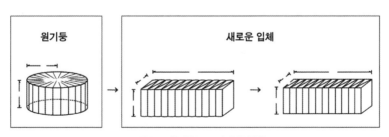

〈그림 11〉 원기둥의 부피 계산 방법

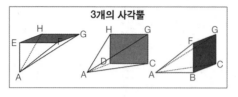

〈그림 12〉 원뿔의 부피 계산 방법

원뿔은 어떻게 부피를 구할까? 아르키메데스는 도형의 비례를 이용하여 공식을 찾았다. 사각뿔 3개가 모이면 직육면체가 된다. 즉 사각뿔은 직육면체의 1/3이다. 그렇다면 원뿔도 원기둥의 1/3이 될 것이다. 원기둥의 부피가 $2\pi\gamma^3$이므로 원뿔의 부피는 $2/3\pi\gamma^3$이 된다.

우리는 사각뿔은 직육면체의 1/3이 된다는 것을 지오지브라 프로그램의 컴퓨팅 사고로 체험해 볼 수 있다.

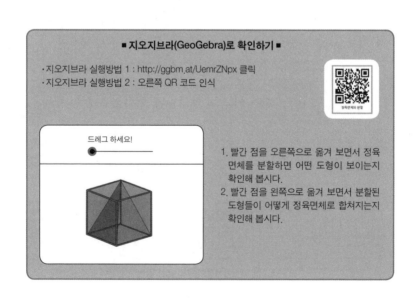

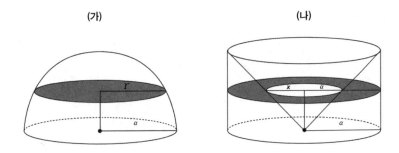

이 모습을 위에서 내려다보면 아래와 같습니다.

〈그림 13〉 원뿔과 원기둥의 관계로부터 구의 부피를 구하는 과정

이제 가장 어려운 사고인 구의 부피를 구하는 문제가 남았다. 원기둥에 구가 꼭 끼어 들어간다면 원기둥과 삼각뿔, 그리고 구의 면적은 어떤 관계가 있을까? 전체 면적을 구하기 어려울 때 우리는 단면적을 구하고 이를 통해 전체 면적을 생각해 볼 수 있다.

구의 면적은 원기둥에서 원뿔의 면적을 빼는 것과 동일하다. 과거에는 아르키메데스 같은 천재만이 그런 생각을 했겠지만, 오늘날에는 컴퓨터 프로그램으로 이러한 사고를 해 볼 수 있다. 결국 원기둥의 부피가 $2\pi\gamma^3$이라면 원뿔의 부피는 $2/3\pi\gamma^3$이고 구의 부피는 $4/3\pi\gamma^3$이 되는 것이다.

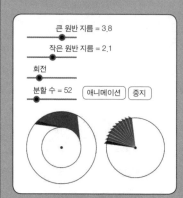

1. 분할 수를 20으로 두고 화면에 나타난 [애니메이션] 버튼을 클릭하고 움직임을 관찰하면서 두 면적의 크기를 비교해 봅시다.
2. 분할 수를 40, 60, 80, 100 ⋯ 과 같이 계속 증가시키면서 1과 같이 진행해 봅시다.

자, 다시 아르키메데스의 묘비로 돌아가서 생각해 보자. 원뿔과 구와 원기둥의 부피비가 1:2:3이라는 부피비의 규칙성을 깨달은 아르키메데스가 자연의 아름다움, 혹은 비밀을 발견했다는 기쁨을 자신의 묘비에 새기도록 한 것은 아닐까?

학생들에게 단순히 공식을 외우게 하는 것보다 아르키메데스가 그 옛날에 보여 준 융합적 사고와 이를 통해 얻는

심미감을 가르칠 때 창의적 인재가 길러질 것이라고 생각한다.

참고로 학생들과 직접 종이를 이용해서 원기둥의 단면과 원뿔의 단면, 그리고 구의 단면에 대한 관계를 체험해 볼 수 있다.

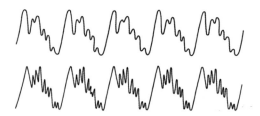

AI 융합교육을 효과적으로 시행하기 위해서는 학습자들 사이에서 AI 사고력을 키우는 데 집중하는 것이 중요하다. 여기에는 AI 사용법을 가르치는 것뿐만 아니라 다양한 영역에서 AI를 적용하고 비판적, 창의적, 윤리적으로 생각하는 방법도 포함된다. 또한 학습자들 사이에서 성장 마인드를 배양하여 변화를 수용하고 새로운 기술에 대응하여 지속적으로 기술을 개발하도록 장려하는 것이 중요하다.

2장

인공지능 사고력과
융합교육

- 이소율 -

우리는 현재 제4차 산업혁명 시대에 살고 있다. 제4차 산업혁명 시대는 2016년 클라우스 슈밥(Klaus Schwab)이 스위스 다보스에서 개최된 '세계경제포럼'에서 제창한 개념이다. 제4차 산업혁명은 철도, 증기기관의 발명으로 시작된 제1차 산업혁명부터 전기와 모터의 발전으로 대량생산이 구축된 제2차 산업혁명, 반도체 및 네트워크의 발전으로 이룩된 정보기술 시대인 제3차 산업혁명 다음의 사회적·경제적 혁신을 의미한다. 제4차 산업혁명의 특징으로는 '초지능화(Hyper-intelligent)', '초연결성(Hyper-connected)'이 있으며, 주요 기술로는 인공지능(Artificial intelligence, AI), 빅데이터(Big Data), 클라우드(Cloud), 사물인터넷(Internet of Things, IoT) 등이 있다. 제4차 산업혁명 시대에는 기존의 정보통신 기술과 신기술, 그리고 기존의 서비스가 서로 융합되어 활용된다(Schwab, 2016).

제4차 산업혁명의 여러 주요 기술 중 하나인 AI는 인간의 지능을 모방하여 학습, 추론, 예측, 판단하는 시스템을 의미하며 최근 5년간 급속도로 발전하고 있다. 발전된 AI는 우리 삶을 편리하게 해 주고 있다. 대표적인 예로 스마트폰의 음성인식 비서 기능, 다양한 서비스를 위한 고객 지원용 챗봇, 범죄 예측 시스템, 안면 인식, 의료 진단, 자율주행차 등이 있다(Miao·Holmes etc, 2022).

AI는 정교하게 잘 짜인 프로그램인 규칙 기반(Rule-based) AI를 포함하여 기계학습인 머신러닝(Machine learning), 심층 학습인 딥 러닝(Deep learning) 등이 있다. 머신러닝이나 딥 러닝은 인간의 학습처럼 컴퓨팅 시스템이 '학습'을 하고 분석, 분류, 예측, 군집 등을 수행한다. 딥 러닝은 인공신경망 기술을 활용하여 여러 계층의 입출력 알고리즘을 통해 데이터를 학습하여 언어 인식, 이미지 분석 등 고차원적이면서 직관적인 분야에 적용되고 있다. 머신러닝은 레이블(Label)에 따라 훈련 데이터를 입력하여 학습시키는 지도학습(Supervised learning) 방식과 입력값에 대한 목표치가 주어지지 않는 비지도 학습(Unsupervised learning), 출력 결과에 따라 포상(reward) 등을 부여하는 강화 학습(reinforcement learning) 등이 있다(Russell·Norvig, 2021).

현재 활용되고 있는 수준과 앞으로의 미래를 예측해 볼 때 미래

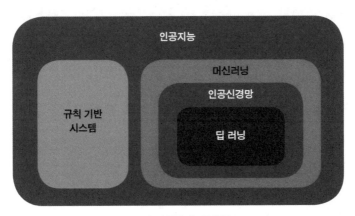

〈그림 1〉 인공지능의 범위

사회에서 AI는 모든 교육과 직업에 영향을 미칠 것이라는 전망이 있다(Microsoft, 2022). 맥킨지 연구소에서는 AI가 2030년까지 전 세계 국내총생산(Gross Domestic Product, GDP)을 연평균 1.2%씩 증가시킬 것이라고 분석하기도 했다(McKinsey, 2018). 이처럼 AI는 사회, 경제, 산업 등 모든 분야에서 중요해지고 있다.

이에 따라 전 세계적으로 많은 나라들이 AI 교육과정을 개발하고 적용하며 AI 인재 양성 정책을 추진해 나가고 있다. 2021년 유네스코에서 발표한 「K-12 AI 교육과정 보고서」에 따르면, 국가 차원에서 AI 교육과정을 개발한 나라는 16개국이고, 이 중 교육과정을 적용한 나라는 11개국이라고 한다. 미국이나 영국의 경우 기업이나 대학, 학회 차원에서 5개의 AI 교육과정을 개발하여 적용하고 있다고 한다(UNESCO, 2021).

우리나라의 경우 2022년 8월 과학기술정보통신부에서 발표한 '5년간 디지털 인재 100만 양성 계획'과 교육부에서 발표한 '2022 개정 교육과정(시안)'에 초·중·고등학교 교육에서의 SW(software)·정보 및 AI 교육과 관련한 정책 내용이 담겨 있다. 여기에서는 기존 SW·정보 교육에 배당되어 있던 시수를 학교의 자율 시간을 활용해 2배 이상 확대, 편성할 수 있도록 제시하고 있다. 또 초등학교 대상 정보 선택 과목 도입, 중·고등학교 대상 학교장 개설 과목 확대, 초·중등학교 대상 프로그래밍 교육의 필수화, SW·AI 융합교육 활성화를 통해 보편적인 공교육 내에서 디지털 역량을 함양할 수 있도록 지원하여 디지털 저변을 확대하고자 추진하고 있다(교육부, 2022; 과학기술정보통신부, 2022).

　AI 교육은 현재도 중요하지만 앞으로 다가올 시대에서도 꾸준히 강조될 것이다. AI는 세상을 이루는 중요한 기술 중 하나이고, 앞으로도 그러할 것이다. 미래 사회에서 학습자가 잘 적응하며 살아가기 위해서는 AI에 대해 잘 이해하고 활용할 수 있어야 하기 때문이다.

　AI는 단독으로 연구하고 개발할 수도 있지만, 일반적으로 여러 학문이나 기술, 서비스 등과 융합하여 활용된다. 따라서 AI 교육도 AI의 알고리즘이나 내용만 가르치는 데 그치지 말고, AI를 이해하거나 활용하여 다양한 문제를 해결하고 적용할 수 있도록 AI 융합교육이 실시되어야 한다. 이는 SW 및 정보 교육에서 논의한 학습자의 컴퓨팅 사고력 함양과 일맥상통한다. 컴퓨팅 사고력을 위한 SW·정보 교육이 학생들을 모두 '프로그래머'로 양성하기 위함이 아니듯, 수학 교육이 모든 학생을 '수학자'로 배출하기 위함이 아니듯이 AI 융합교육의 목적도 'AI 전문가' 양성이 아니다. AI 융합교육은 학습자에게 실생활의 다양한 문제해결에 도움을 줄 뿐 아니라 교과 교육에서 효과적으로 활용할 수 있는 역량 함양이 이루어질 수 있도록 하는 것이 가장 중요한 목표 중 하나가 될 수 있다. 그리고 우리는 최근 이러한 역량을 'AI 사고력(AI Thinking)'이라고 표현하고 있다.

21세기 초반이었던 2006년, 카네기멜론대학교 교수 지넷 윙 (Jeannette Wing)은 "이제 컴퓨팅 사고력은 읽기, 쓰기, 셈하기의 3R(Reading, wRiting, aRithmatic)과 같이 모든 사람의 기초 소양이 되어야 한다"고 말하였다(Wing, 2006). 정보화 시대라고 불리는 현재, 해외 여러 나라에서는 프로그래밍 및 코딩 교육, 컴퓨팅 사고 과정 등을 강조하며 관련 교육을 시작하였다. 이는 학습자들을 모두 컴퓨터 과학자로 성장시키기 위함이 아니라, 학습자들이 어려운 문제에 직면했을 때 그 문제를 효과적이고 효율적으로 해결하게 하기 위한 역량을 함양하는 데 목적이 있다.

컴퓨팅 사고력은 크게 두 가지 영역으로 나눌 수 있다. 바로 추상화(Abstraction)와 자동화(Automation)이다. 추상화는 문제를 발견했으면 그 문제를 해결하기 위해 작은 단위로 문제를 분해하고, 자료를 수집·분석·표현하며, 문제를 해결할 수 있도록 전략과 절차를 세우고, 컴퓨터를 활용할 수 있도록 알고리즘 등을 활용해 표현하는 일련의 과정이다. 자동화는 추상화를 통해 세워진 전략, 알고리즘, 방법 등을 컴퓨터를 활용할 수 있도록 코딩을 하거나 필요한 응용프로그램, 앱 등을 사용하여 효과적이고 효율적으로 문제를 해결하는 것을 의미한다.

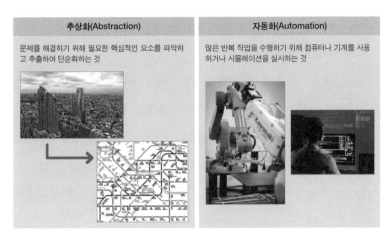

〈그림 2〉 컴퓨팅 사고력의 추상화와 자동화

예를 들면 어떤 초등학생이 1부터 100까지 더해야 하는 문제를 해결해야 하는 상황이라고 가정해 보자. 일반적으로 1+2=3, 1+2+3=6, 1+2+3+4=10…과 같은 계산을 수행할 것이다. 당연히 아주 오랜 시간이 걸린다. 천재 수학자 가우스는 초등학교 3학년 때 이 문제를 아주 빠르게 해결했다. 첫 숫자 1과 끝 숫자 100을 더하면 101이 되고, 두 번째 숫자 2와 끝에서 두 번째 숫자 99를 더해도 101이 되니 모든 숫자 쌍들은 101로 나올 것이며, 이러한

$$
\begin{array}{r}
1+\ \ 2+\ \ 3+\ \cdots\ 99+100 \\
+\ 100+\ 99+\ 98+\ \cdots\ \ 2+\ \ 1 \\
\hline
+\ 101+101+101+\ \cdots\ 101+101 = 101 \times 100 = 10100
\end{array}
$$

그러므로 $1+2+3+\ \cdots\ 99\ +100 = 10100 \div 2 = 5050$

숫자 쌍이 50개이니 101×50을 계산하여 5050을 도출한 것이다.

수학적 직관과 통찰력이 있는 사람에게는 이러한 접근이 가능할 것이다. 하지만 그렇지 않은 대다수 사람들이 문제를 '효과적'으로 풀기 위해서는 다른 접근이 필요하다. 먼저 문제를 분해하며 패턴을 찾아본다. 우리는 1에 2를 더한 '결과'에 3을 더한 '결과'에 4를 더한 '결과'에 … n을 더하는 일을 100까지 '반복'해야 한다는 것을 알고 있다. 이 말을 요약하자면, '결과'에 '수'를 1씩 증가하여 더하면 된다는 것이다.

프로그래밍에서는 '변수'라고 하는 개념이 있다. 변수는 변할 수 있는 수라는 의미로, 한 번에 하나의 값을 저장하거나 새로 덮어쓸 수 있는 공간을 의미한다고 생각하면 쉽다. 그럼 1+2라고 하는 '결과'를 변수로 저장하고, '결과'라고 하는 변수에 숫자 3을 더하면 '결과+3'은 1+2+3의 값과 같게 된다. 1이나 2, 3과 같은 숫자들도 '수'라고 하는 변수로 정해 준다면, 덧셈을 반복할 때마다 '수'라고 하는 변수를 1씩 증가하라는 명령으로 1에서 2로, 2에서 3으로 변하게 할 수 있다. 이 내용을 아주 간략하게 나타내면 다음과 같다.

```
시작
수=0, 결과=0
100번 반복하기
  수=수+1
  결과=결과+수
반복 끝
결과 나타내기
끝
```

컴퓨팅 과학에서는 위와 같은 것을 '알고리즘(Algorithm)'이라고 한다. 알고리즘은 프로그래밍을 하기 위한 절차를 나타낸 것이다. 알고리즘이나 순서도(flow chart)와 같은 것들은 프로그램을 작성할 때 명령의 순서와 논리를 파악할 수 있다. 1부터 100까지 더하는 알고리즘은 앞의 방법 외에도 다양하게 존재할 수 있다. 컴퓨터 과학에서는 어떤 알고리즘이 '옳다', '그르다'라기보다는 더 '효율적인가'를 따진다.

앞의 알고리즘을 교육용 프로그래밍 언어인 엔트리로 코드를 작성하면 〈그림 3〉과 같다.

컴퓨터는 아주 빠른 연산을 수행하여 5050이라는 값을 나타내 준다. 코드를 작성하고, 실행하고, 잘못된 부분을 수정하고(디버깅), 완성하여 문제를 해결하는 과정이 자동화인 것이다.

우리 시대에서는 AI 기술이 강조되고 있다. 컴퓨팅 사고력의 등장과 비슷한 맥락으로, 향후 학습자들은 컴퓨터 과학의 개념과 원

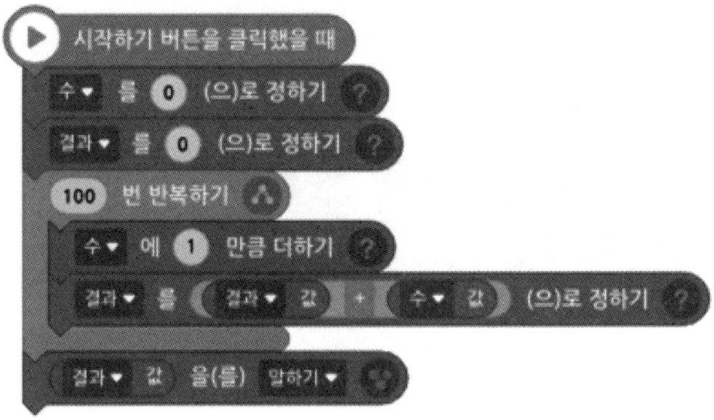

〈그림 3〉 엔트리로 1부터 100까지 더하기 코드

리의 이해에 AI의 개념과 원리, 그리고 활용에 대한 역량의 함양이 필수적으로 요구될 것이다.

교육, 산업, 정치, 경제, 예술, 법률, 의료, 관광, 운송, 스포츠 등 사회의 모든 곳에서 AI가 기존의 영역과 융합하여 사회를 변화시키고 있다. AI는 AI 개발자나 연구자들만 활용해야 할 것이 아니다. 앞으로 우리의 세상은 모든 영역에서 AI가 활용될 것이고, 모든 사람은 AI를 사용할 수 있어야 할 것이며, AI를 더 잘 활용하기 위해서는 AI의 개념과 원리를 이해하고 있어야 한다. 이러한 역량을 AI 사고력이라고 한다(한선관·류미영 외, 2021).

컴퓨팅 사고력에서의 추상화는 절차와 과정에 대한 논리인 알고리즘으로 구성되고, 자동화는 컴퓨팅 파워를 활용하는 것을 의미한다. SW에서의 알고리즘과 프로그램은 주어진 조건대로 연산을 수행한다. 복잡도가 높은 경우 그 답을 찾기 어렵거나 오래 걸

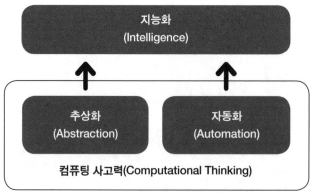

* 출처: 한선관·류미영 외(2021)

〈그림 4〉 인공지능 사고력(Artificial Intelligence Thinking)

리기도 한다. 하지만 AI를 활용한다면 다른 국면에 접어들게 된다. AI는 인간의 지능적 특징인 경험적(Heuristic) 방법으로 해결 가능한 적당한 값을 찾아낸다. 인간의 지능적인 생각을 추상화하여 구현해 낸 지능적 추상화가 AI 사고력의 핵심이다. AI의 필수 개념과 원리를 이해하고 AI의 파워를 제대로 활용하여 당면한 문제를 해결하는 역량이 AI 사고력이다(한선관·류미영 외, 2021).

03 사례로 보는 AI 융합교육의 방법론

AI 융합교육의 분류

AI 교육은 AI 이해교육, AI 활용교육, AI 개발교육, AI 윤리교육, AI 융합교육으로 분류될 수 있다. 첫째, AI 이해교육은 AI에 대한 기본 소양을 다루는 분야로서, AI 리터러시를 지도하는 교육 분야이다. AI에 대한 이해와 지식을 다루기 위한 교육 내용으로 구성된다. 둘째, AI 활용교육은 AI를 다양한 교과의 교수학습 상황에서 교육의 도구로 활용하는 교육을 의미한다. 즉 도구로서 AI에 주안을 두어 AI 기술을 다양한 교육 상황에서 활용하여 교육의 질을 향상하는 데 보다 중점을 두는 교육이다. 셋째, AI 개발교육은 AI 모형 개발을 위한 교육과 AI 구현을 위한 교육으로 구성된다.

AI 모형 개발을 위한 교육은 수학적 배경지식을 이용하여 AI 모형을 개발하는 것이고, AI 구현을 위한 교육은 개발된 AI 모형을 실제로 구현하기 위한 알고리즘 교육과 프로그래밍 교육으로 구성된다. 넷째, AI 윤리교육은 AI와 관련한 다양한 윤리적인 이슈와 향후 AI를 활용하거나 개발할 때의 윤리 의식 등에 대해 다루는 교육을 의미한다(정제영·김갑수 외, 2020).

AI 융합교육은 말 그대로 AI를 융합한 교육을 의미한다. AI는 기술 자체가 융합적 성격을 띠고 있어 AI의 이해, 활용, 개발, 윤리교육 등에서도 컴퓨터 과학 외의 다른 학문, 문제 상황, 주제 등과 융합하여 교육되곤 한다. 따라서 AI 융합교육은 AI 교육의 내용과 비슷한 분류 체계를 가지고 있다.

AI융합교육연구·지원센터에서 제시한 AI 융합 수업의 분류를 보면, AI 소양 교육과 AI 교과 융합, AI 방법 융합 등 세 가지가 있다. AI 소양 교육은 AI 이해교육과 마찬가지로 AI의 개념과 원리를 교육하기 위한 수업을 의미한다. AI 교과 융합은 AI와 교과를 융합한 수업을 뜻하며, AI 방법 융합은 AI를 활용한 교수·학습·평가 혁신 수업을 말한다(AI융합교육연구·지원센터(www.ebssw.kr/aied), 2022).

AI 교과 융합의 경우 교과와 관련하여 문제해결 및 학습 내용이나 개념, 원리를 이해할 수 있도록 융합한 형태를 의미하는 반면, AI 방법 융합은 AI를 도구로서 사용하는 것을 뜻한다고 볼 수 있다. AI 융합교육을 의미하는 용어가 다소 명확하지 않은 측면이 있다.

따라서 AI 융합교육의 하위 분야에 대해 직관적으로 이해하기 위해서는 다음의 〈표 1〉과 같은 용어와 정의를 사용해 볼 수 있겠다.

〈표 1〉 AI 융합교육의 분야

분야	정의
AI 소양 교육	AI의 원리와 개념에 대한 교육, 필요에 따라 일부 학습 내용에서 수학, 과학과 같은 교과나 주제를 융합하여 가르치는 형태.
AI 기반 교과(주제) 융합교육	교과 및 주제(문제)를 중심으로 AI 기반의 프로젝트를 수행하는 교육, 문제해결을 위하여 AI를 활용한 프로그래밍 과정이 포함.
AI 도구 활용교육	AI 테크놀로지를 도구로 활용하는 교육, 교과 및 주제(문제)를 중심으로 AI 기술을 사용하는 것에 초점을 두어 AI 활용 프로그래밍 과정은 생략되거나 극히 일부만 포함.
종합 AI 융합교육	교과 및 주제(문제)를 중심으로 AI 기반의 프로젝트를 수행하는 과정에서 AI 기반의 프로그래밍과 AI 테크놀로지 등을 모두 활용하는 종합적인 형태의 AI 융합교육.

AI 융합교육을 위한 도구 및 자원

초중고등학교 현장에서 교육하고 활용하는 AI 교육 플랫폼은 대부분 머신러닝을 기반으로 구성되어 있다. 딥 러닝의 경우 인공신경망의 심층적인 사용으로 인하여 도출된 결과에 대한 해석이 없고, 학습 알고리즘의 단계에 따른 세부적인 내용에 대하여 체계적으로 이해할 수 없다. 반면 머신러닝의 경우, 사용하는 알고리즘의 작동 원리나 세부 내용에 대하여 상세히 살펴볼 수 있다

(Mitchell·Carbonell etc, 2013). 이에 따라 현재 다양한 머신러닝 활용 교육 콘텐츠, 자료, 플랫폼 등이 연구 및 개발되어 있다. 이를 크게 두 종류로 나누어 본다면 AI 체험과 AI 교육으로 분류할 수 있다. 각각의 분류에 맞게 몇 가지 교육 콘텐츠 및 플랫폼들을 다음의 〈표 2〉와 같이 제시한다.

〈표 2〉 AI 융합교육을 위한 도구 및 자원

분류	명칭 및 URL	특징
AI 체험	AI Experiments with Google (https://experiments/ withgoogle.com/collection/ai)	다양한 AI 체험 도구 제공, AI+Learning, AI+Drawing 등 AI 분야별로 경험을 해 볼 수 있음
	Deep Dream Generator (https://deepdreamgenerator. com)	텍스트를 그림으로 나타내 주거나 이미지 파일을 딥 러닝 기술을 활용해 다른 스타일로 나타내 줌
	Akinator (https://kr.akinator.com)	사용자가 생각한 유명인, 소설, 만화 인물들을 20번의 질문 안에 맞춰 줌. 결정 트리 관련 학습 등에서 활용
	HourOne (https://turing.hourone.ai)	실제 사람과 AI가 만든 사람 구분해 보기, 딥 페이크 기술의 발전과 관련 학습에서 활용
	Moral Machine (https://www.moralmachine .net)	자율주행차의 결정을 학습자가 판단해 주는 과정을 통해 AI 윤리에 대한 논의 및 학습
AI 교육 플랫폼 및 도구	ML4K (https://machinelearningforkids .co.uk)	이미지, 숫자, 텍스트, 사운드 데이터 등을 활용한 머신러닝 모델 생성 및 교육용 프로그래밍 언어를 활용한 프로그램 작성 플랫폼
	엔트리 (https://playentry.org)	교육용 프로그래밍 언어 플랫폼으로서 데이터 분석, 인공지능 모델 생성 및 활용 지원
	앱인벤터 (https://appinventor.mit.edu)	안드로이드 운영체제용 애플리케이션을 교육용 프로그래밍 언어를 활용하여 만드는 플랫폼으로 인공지능 모델 생성 및 활용 지원

분류	명칭 및 URL	특징
AI 교육 플랫폼 및 도구	코그니메이트 (http://cognimates.me)	게임 제작 및 로봇 프로그래밍, AI 모델 훈련을 위한 AI 교육용 프로그래밍 언어 플랫폼
	오렌지 데이터 마이닝 (https://orangedatamining.com)	데이터 분석, 시각화, 머신러닝 모델 훈련 등을 코딩 없이 구현할 수 있는 오픈소스 교육용 프로그램
	코랩 (https://colab.research.google.com)	구글에서 제공하는 브라우저 내 파이선 스크립트 작성 및 실행 플랫폼. 실행 결과를 바로 확인할 수 있어 편리함
	아나콘다 (https://www.anaconda.com)	패키지 관리와 디플로이를 단순하게 할 목적으로 데이터 과학, 기계학습, 대규모 데이터 처리, 예측 분석 등을 위한 파이선과 R 프로그래밍 언어의 자유-오픈소스 소프트웨어 배포판

AI 융합교육의 사례

AI 융합교육의 여러 하위 분야 중 AI 기반 교과(주제) 융합교육과 AI 도구 활용 교육의 사례에 대해 소개하고자 한다. 두 사례 모두 ML4K(Machine Learning for Kids)에서 스크래치를 활용한다.

AI 기반 교과(주제) 융합교육의 사례(1)

주제	분자의 구조를 알려 주는 AI 만들기					
개관	분자의 구조가 무엇에 의해 결정되는지 알아보고 머신러닝에 필요한 정보를 입력해 보면서 자료를 단순화하는 방식을 배운다.					
학습목표	분자의 구조가 무엇에 의해 결정되는지 알아보고 분자 구조를 알려 주는 프로그램을 제작한다.					
대상	학교급	고등학교	학년	2학년	교과	화학, 정보

평가 계획	평가 내용	평가 방법
	루이스 전자점식을 보고 분자의 구조를 예측할 수 있는가?	질문지법
	분자의 구조를 결정하는 요소만 찾아낼 수 있는가?	관찰법
	활동에 적극적으로 참여하는가?	관찰법

학습 단계		교수·학습 활동
도입	동기 유발 및 학습 안내	- Avogadro 프로그램으로 BeH_2, BH_3, CH_4, NH_3, H_2O, CH_2O, CO_2 분자의 구조를 확인해 보자. 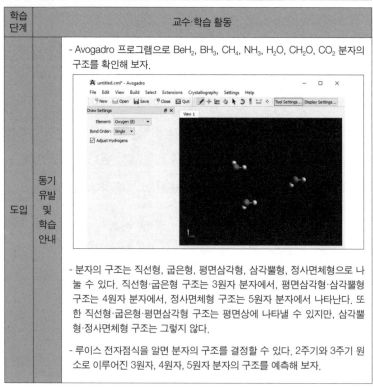 - 분자의 구조는 직선형, 굽은형, 평면삼각형, 삼각뿔형, 정사면체형으로 나눌 수 있다. 직선형·굽은형 구조는 3원자 분자에서, 평면삼각형·삼각뿔형 구조는 4원자 분자에서, 정사면체형 구조는 5원자 분자에서 나타난다. 또한 직선형·굽은형·평면삼각형 구조는 평면상에 나타낼 수 있지만, 삼각뿔형·정사면체형 구조는 그렇지 않다. - 루이스 전자점식을 알면 분자의 구조를 결정할 수 있다. 2주기와 3주기 원소로 이루어진 3원자, 4원자, 5원자 분자의 구조를 예측해 보자.

학습 단계		교수·학습 활동

- 분자들의 루이스 전자점식을 그려 보고 표의 빈칸을 채워 보자.

분자식	중심 원자의 족 번호	한 분자당 원자의 개수	중심 원자의 공유 전자쌍 개수	중심 원자의 비공유 전자쌍 개수	분자의 구조
BeF_2	2	3	2	0	직선형
$BeCl_2$	2	3	2	0	직선형
CO_2	14	3	4	0	직선형
HCN	14	3	4	0	직선형
H_2O	16	3	2	2	굽은형
OF_2	16	3	2	2	굽은형
H_2S	16	3	2	2	굽은형
NOCl	15	3	3	1	굽은형
HCHO	14	4	4	0	평면삼각형
$OCCl_2$	14	4	4	0	평면삼각형
BH_3	13	4	3	0	평면삼각형
BF_3	13	4	3	0	평면삼각형
NH_3	15	4	3	1	삼각뿔형
NCl_3	15	4	3	1	삼각뿔형
CH_4	14	5	4	0	정사면체형
CCl_4	14	5	4	0	정사면체형

- 위 표를 보고 아래의 표에서 주어진 두 분자를 비교하고 같은 것에는 O, 다른 것에는 X를 적어 보자.

비교할 분자	중심 원자의 족 번호	한 분자당 원자의 개수	중심 원자의 공유 전자쌍 개수	중심 원자의 비공유 전자쌍 개수	분자의 구조
BeF_2 vs CO_2	×	○	×	○	○
$BeCl_2$ vs H_2O	×	○	○	×	×
NOCl vs NCl_3	○	×	○	○	×

학습 단계: 전개 / 개념 이해 및 정보 수집

학습 단계		교수·학습 활동

비교할 분자	중심 원자의 족 번호	한 분자당 원자의 개수	중심 원자의 공유 전자쌍 개수	중심 원자의 비공유 전자쌍 개수	분자의 구조
BH₃ vs NH₃	×	○	○	×	×
HCN vs OCCl₂	○	×	○	○	×
HCHO vs CH₄	○	×	○	○	×
OF₂ vs NOCl	×	○	×	×	○

- 두 표를 통해 어떤 것을 알 수 있는가?
  ☞ 분자의 구조는 분자당 원자의 개수, 중심 원자의 비공유 전자쌍 개수와
    관련이 있다.
- 다음의 분자식에 머신러닝 모델을 만들기 위해 필요한 정보를 정리해 보자.

분자식	한 분자당 원자의 개수	중심 원자의 비공유 전자쌍 개수	분자식	한 분자당 원자의 개수	중심 원자의 비공유 전자쌍 개수
BeH₂	3	0	BH₃	4	0
BeF₂	3	0	BF₃	4	0
BeCl₂	3	0	BCl₃	4	0
CO₂	3	0	NH₃	4	1
HCN	3	0	NF₃	4	1
FCN	3	0	NCl₃	4	1
H₂O	3	2	PH₃	4	1
OF₂	3	2	PF₃	4	1
H₂S	3	2	PCl₃	4	1
NOCl	3	1	CH₄	5	0
NOH	3	1	CF₄	5	0
NOF	3	1	CCl₄	5	0
HCHO	4	0	CFCl₃	5	0
OCCl₂	4	0	CF₂Cl₂	5	0
SCH₂	4	0	CF₃Cl	5	0

학습단계 좌측: 전개 / 개념 이해 및 정보 수집

학습 단계	교수·학습 활동
AI 프로 그램 구현	- 프로그램을 설계해 보자. (과학자가 분자식과 분자당 원자의 개수, 중심 원자의 비공유 전자쌍 개수를 물어보고 분자의 구조를 알려 준다.)  - ML4K로 머신러닝 모델을 만들기 위해 준비한 값을 입력해 보자. 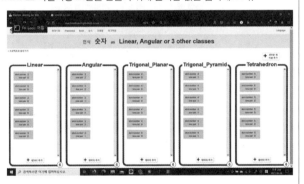 - 분자식의 원자 개수와 비공유 전자쌍을 입력하면 분자의 구조를 알려 주는 코드를 완성한다.

학습단계	교수·학습 활동
AI 프로그램 구현	분자식 하나를 생각하고 을(를) 1 초 동안 말하기 그 분자의 루이스 전자점식을 그려보세요 을(를) 1 초 동안 말하기 준비가 되면 space키를 눌러주세요 을(를) 1 초 말하기 스페이스 ▼ 키를 눌렀는가? 까지 기다리기 그러면 시작하겠습니다 을(를) 1 초 동안 말하기 저에게 분자식을 알려주세요 라고 묻고 기다리기 분자식 ▼ 을(를) 대답 로 정하기 분자 한 개당 원자는 몇 개인가요? 라고 묻고 기다리기 원자개수 ▼ 을(를) 대답 로 정하기 중심원자의 비공유 전자쌍은 몇 개인가요? 라고 묻고 기다리기 비공유전자쌍 ▼ 을(를) 대답 로 정하기 만약 recognise numbers atomnumber 원자개수 lone pair 비공유전자쌍 (label) = Linear (이)라면 분자식 와(과) 은(는) 직선형이에요! 결합하기 을(를) 2 초 동안 말하기 만약 recognise numbers atomnumber 원자개수 lone pair 비공유전자쌍 (label) = Angular (이)라면 분자식 와(과) 은(는) 굽은형이에요! 결합하기 을(를) 2 초 동안 말하기 만약 recognise numbers atomnumber 원자개수 lone pair 비공유전자쌍 (label) = Trigonal_Planar (이)라면 분자식 와(과) 은(는) 평면 삼각형이에요! 결합하기 을(를) 2 초 동안 말하기 만약 recognise numbers atomnumber 원자개수 lone pair 비공유전자쌍 (label) = Trigonal_Pyramid (이)라면 분자식 와(과) 은(는) 삼각뿔형이에요! 결합하기 을(를) 2 초 동안 말하기 만약 recognise numbers atomnumber 원자개수 lone pair 비공유전자쌍 (label) = Tetrahedron (이)라면 분자식 와(과) 은(는) 정사면체형이에요! 결합하기 을(를) 2 초 동안 말하기 다른 분자도 궁금하신가요?(Y/N) 라고 묻고 기다리기 만약 대답 = N (이)라면 그러면 프로그램을 마치겠습니다 을(를) 1 초 동안 말하기 감사합니다! 을(를) 1 초 동안 말하기 멈추기 모두 ▼

학습 단계		교수·학습 활동

학습 단계	프로 그램 평가 및 디버 깅	- 다음의 데이터를 입력하여 프로그램이 원활히 수행되는지 확인해 보자. 만일 제대로 실행이 되지 않는다면 그 이유를 파악하고 코드를 수정해 완성하자.
정리		

분자식	입력 데이터		테스트 결과
	원자의 개수	중심 원자의 비공 유 전자쌍 개수	
OCl_2	3	2	
$NClF_2$	4	1	
CH_2Cl	5	0	

학습 정리	- 이 프로젝트를 통해 알게 된 것을 이야기해 보자. - 이 프로그램을 발전시킨다면 어떤 것들이 있을지 이야기를 나누어 보자.

AI 기반 교과(주제) 융합교육의 사례(2)

주제	분리수거를 도와줘					
개관	ML4K와 스크래치를 활용하여 인공지능의 머신러닝을 이해하고 원리를 응 용하여 쓰레기 분리수거 프로그램을 구현할 수 있다					
학습목표	인공지능의 머신러닝을 이해하고 원리를 응용하여 쓰레기 분리수거 프로그 램을 구현할 수 있다					
대상	학교급	중학교	학년	3	교과	정보·환경
평가 계획	평가 내용					평가 방법
	인공지능과 머신러닝의 원리를 이해하고 있는가?					동료 평가
	머신러닝으로 데이터를 분류, 군집, 학습시킬 수 있는가?					동료 평가
	환경을 보호하고자 하는 태도가 형성되었는가?					관찰법

학습 단계		교수·학습 활동
도입	동기 유발 및 학습 안내	- 쓰레기로 인한 환경파괴(관련 뉴스나 기사)를 살펴보자. - 이를 해결하기 위해서는 무엇이 필요한가? - 분리수거를 할 때 어려운 점은 무엇이었는가? - 분리수거를 쉽게 할 수 있도록 판별해 주는 인공지능 프로그램을 만들어 보자.
전개	개념 이해 및 정보 수집	- 분리수거 대상 및 방법 조사하기 분리수거 대상 및 방법 표 - 모둠별로 유리, 캔의 특징과 분리수거가 잘 안 되는 경우에 대해 생각해 보고 해결 방법 논의하기 분리수거 활동지 - 분리수거 대상의 이미지 데이터 모으기

분리수거 대상 및 방법 표:

폐 페트병 (음료·생수)	골판지 박스	플라스틱류
· 내용물 비우기 · 라벨 제거하기 · 찌그러트리기 · 투명과 유색을 분리해 지정된 배출함에 넣기	· 테이프 등 종이류와 다른 재질은 제거하기 · 이물질이 혼합되지 않도록 접어서 배출	· 이물질, 물기 제거하기 · 재질별로 분리하여 배출 · 음료 용기는 은박지 제거 · 물티슈는 캡 분리
	신문·책자류 스프링 등 종이류와 다른 재질은 제거 이후 배출	
	종이팩 일반 종이류와 구분하여 종이팩 전용 수거함에 따로 배출	

학습 단계		교수·학습 활동
전개	AI 프로 그램 구현	- 프로그램을 설계해 보자.  1. 프로그램이 시작되면 테라(Tera)가 등장해서 분리수거를 해 보자고 안내한다. 2. 분리할 쓰레기가 차례대로 등장하고 머신러닝이 인식한 대로 '박스', '페트병', '신문'을 말한다. 3. 어떤 쓰레기인지 말한 다음에는 쓰레기별로 올바르게 분리수거 하는 방법을 보여 준다. - ML4K로 머신러닝 모델을 만들기 위해 준비한 데이터를 입력해 보자. - 프로그램을 완성해 보자.

학습 단계	교수·학습 활동	
전개	AI 프로그램 구현	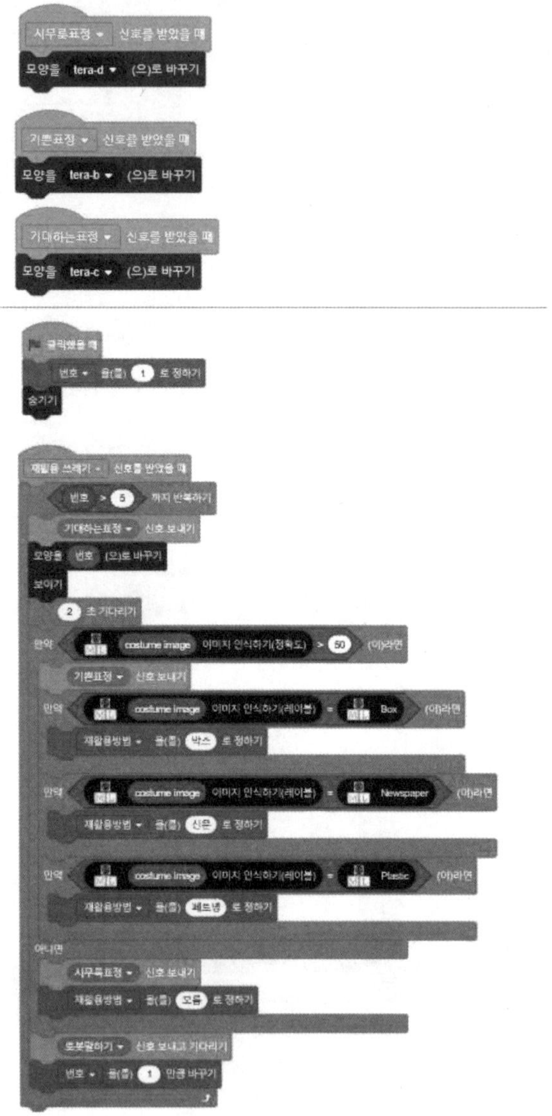

학습 단계		교수·학습 활동
	AI 프로 그램 구현	쓰레기 숨기기 ▼ 신호를 받았을 때 숨기기
정리	프로 그램 평가 및 디버깅	- 오류가 발생한 경우 원인을 파악하고 해결해 보자. - 완성된 프로그램이 쓰레기를 제대로 인식하지 못했을 때 어떻게 반응했나? ☞ 인식률이 낮거나 학습시킨 것(박스, 신문, 플라스틱)을 인식시키면 "모릅니다"라는 메시지가 출력되었다. 이때 스크립트를 일부 수정하거나 모델에 데이터를 추가로 학습시키자 문제가 해결되었다.
	학습 정리	- 이번 프로젝트를 통해 알게 된 점을 자유롭게 이야기해 보자. - 이 프로그램이 어디에 적용되면 좋을지 이야기를 나누어 보자. - 환경보호를 위해 이 프로그램을 발전시킨다면 어떤 방안들이 있을지 각자의 생각을 나누어 보자.

04 AI 사고력을 통해 본 융합교육의 방향

AI 융합교육은 학습자들의 AI 역량을 함양시켜 미래 사회에 잘 적응하고 세상이 필요로 하는 인재로 성장할 수 있게 도움을 주는 것을 목표로 한다. 모든 학습자가 AI 개발자나 과학자가 될 필요는 없다. 하지만 신기술의 개발과 발전은 새로운 일자리를 만들어 낸다는 사실을 상기할 필요가 있다. 불과 10~20년 전에는 SW 프로그래머나 AI 전문가들은 극소수에 불과했지만 이제 많은 기업에서 SW, AI 인재를 필요로 하고 있고 다수를 채용하고 있다. 또한 AI와 관련 없는 직무라고 생각되던 분야에서도 AI를 활용하거나 융합하여 업무가 추진되기도 하고, 일의 효율을 위해 AI가 적극 도입되기도 한다.

따라서 앞으로의 AI 융합교육은 모든 학생에게 기본 소양으로서 AI 역량을 함양하게 하는 방향으로 실천되어야 한다. 모든 학생이 AI의 개념과 원리, 그리고 기초적인 활용 방법들을 잘 이해하고 실생활에서 활용한다면 어떤 미래가 다가온다고 하더라도 잘 적응하고 사회에 기여하는 훌륭한 인재로 성장할 수 있게 될 것이다. 여기에서 더 나아가 AI의 응용, 심화에 관한 내용을 학습하게 된다면 AI와 관련한 진로를 선택하는 데에도 큰 도움이 될 것이다. 또한 앞으로는 모든 분야에 AI가 활용될 것이므로 어떤 진로를 선택하더라도 AI 융합교육은 학습자들에게 크나큰 도움이 될 것이다.

AI 융합교육은 AI 기술의 본질적 특성인 융합을 십분 활용하여 시수 부족 없이 수행할 수 있다. 그러므로 모든 교과의 교사들은 AI 교육 역량을 함양하여 AI 융합교육을 자신의 교과에서 실현할 수 있도록 해야 한다. 융합교육 자체도 쉽지 않고, 더구나 AI 융합교육은 더욱 쉽지 않은 도전이 될 수 있다. 하지만 교사 1인이 AI 융합교육 역량을 지녔을 때 학생 N명에게 파급될 교육 효과를 예상해 본다면, 교사의 AI 융합교육 역량 함양은 매우 중요하고 시급한 과제 중 하나가 될 것이다.

AI 융합교육을 실천하는 교사들은 학습자의 AI 역량과 사고력을 키우는 데 초점을 맞춰야 한다. 학습자들은 다양한 과목에서 여러 가지 주제에 대하여 AI를 활용하여 통합하고, AI 도구와 기술을 활용한 문제해결 과정을 직접 경험해 봄으로써 AI와 그 잠재적 응용에 대한 폭넓은 이해를 키울 수 있기 때문이다. 이러한 이해는 학습자들이 급변하는 미래 환경에 대비하고 잘 적응하여, 사회에 기여할 수 있는 역량을 갖추는 데 도움이 될 것이다.

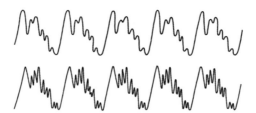

소리와 음악 중심의 융합교육은 학생들이 소리의 원리를 이해하고, 좀 더 나은 세상을 만들기 위해 소리가 어떻게 사용될 수 있는지에 대해 더 깊게 생각할 수 있도록 돕는다. 이는 곧 교사들이 디지털 리터러시, 인문학, 음향학, 음악이론, 지구과학 등 폭넓은 분과의 기초지식 역량을 갖출 필요가 있다는 것을 의미한다. 그리고 이는 소리를 중심으로 한 다양한 학문 분야에서 개방적이고 융합적인 사고를 촉진하는 계기가 될 것이다.

3장

소리와 음악 중심의 융합교육

- 사운드스케이프 디자인(Soundscape Design) 모델링

- 임새롬 -

일상에서 청각은 우리가 잠에서 깰 때 맨 처음 열리는 감각이며, 삶의 마지막에서는 의식이 몸에서 마지막으로 닫는 문이다. 이처럼 청각과 밀접한 소리는 생을 통틀어 인간과 함께하지만 그 중요성이 상대적으로 낮게 평가되고 있다. 이 수업은 소리 교육 중에서도 음악과 과학에 중점을 두어 소리의 면면을 이해하고, 이를 바탕으로 학습자들이 삶의 예술가로서 예술 작품에 대한 태도를 직접 경험하는 데 목적을 둔다. 구체적으로 우리가 그동안 잊고 있던 소리에 대한 다채로운 감각을 깨우고, 소리를 이해하며, 소리를 의도에 따라 구성하는 사운드스케이프(Soundscape) 디자인 교육이다.

이 장은 크게 2부로 이루어진다.

첫 번째 파트는 우리가 무심코 흘려들었던 주변의 소리부터 관념화된 음악에 이르기까지 구분하여 새겨듣는 사고의 과정을 탐색하는 수업이다. 이를 위해 청감각의 민감도를 키워 그동안 인지하지 못했던 생활 속 소리와 주파수에 따른 가청영역을 알아보고, 나의 주변에서 우주의 소리까지 상상한다. 또한 소리의 여러 가지 성질과 그에 따른 소리의 종류, 소리의 발생과 지각의 과정을 알고 음악과의 관계를 이해하며, 배음의 원리와 이를 활용한 음의 활용을 통해 다채로운 소리를 느껴 본다.

두 번째 파트는 '소리풍경'으로 번역되는 사운드스케이프의 개념을 이해하고 직접 분석, 디자인함으로써 삶의 예술가가 되어 보는 수업이다. 같은 공간에서 발생하는 동일한 소리라도 사람에 따라 다르게 인식한다. 때로는 인지하지 못한 채 무심히 흘려보내는 소리의 풍경을 발견하고, 만나고, 친해지며, 일상의 소리를 심미적인 음악 예술로 인식함과 동시에 자신으로 회귀하여 나를 둘러싼 세계와 나를 인식하고 성찰할 수 있는 수업을 진행한다. 누군가가 만들어 낸 음악을 소비하는 입장이 아닌, 삶의 예술가로 삶과 동행하는 음악에 대한 심미안을 촉진할 수 있다.

소리 교육은 기본적으로 생활의 소리에 대한 감각을 자극하고 소리와 음악 간의 관계와 일상에서의 활용뿐만 아니라 교사의 필요에 따라 환경교육, 생태교육, 지리교육, 예술교육, 미디어교육, 지속가능발전교육 및 세계시민교육으로까지 확장될 수 있다. 이에 소리 교육은 소리를 중심으로 여러 학문 분야에 대한 교사의 개방성(Openness)과 융합적 사고가 전제된다. 이 수업에서는 중고등학생 수준의 기초적인 음향학과 음악이론, 지구과학 분야의 이해와 함께 사운드스케이프를 디자인하기 위한 음향 편집 프로그램을 다루고 과정을 성찰하는 디지털 리터러시와 인문학적 역량이 필요하다. 수업의 전개는 다음과 같다.

〈표 1〉 소리 교육 수업 전개

1. 소리 만나기

- 이어 클리닝: 침묵 듣기
- 소리 상상하기
- 소리 찾아 구별하기
- 들은 소리 비교하기

⇩

2. 소리와 친해지기, 소리 이해하기

- 인간과 동물의 가청영역
- 소리의 정의, 개념, 원리, 분류
- 소리의 활용
- 일상의 소리, 우주의 소리
- 소리와 음악
- 배음과 화음
- 목소리와 악기 소리
- 듣기의 종류

⇩

3. 사운드스케이프 이해하기

- 사운드스케이프의 이해
- 사운드스케이프 디자인의 이해
- 듣기, 채집하기, 기록하기 준비
- 일상 소리 탐색하기
- 디자인 연습: 공간에 어울리는 소리 상상하기

⇩

4. 사운드스케이프 제작하기

- 제작 모둠 구성 및 주제 선정하기
- 작품 계획 및 필요한 소리 상상하기
- 스토리보드 및 소리 악보 제작하기
- 음향 편집 프로그램 익히기
- 소리 채집 및 구성하기
- 작품 완성 및 소리 악보 제작하기

⇩

5. 성찰하기

- 작품 해설 작성하기
- 발표 및 기록하기
- 작품 분석
- 성찰 일지 작성
- 공유하기

소리 만나기: 이어 클리닝, 소리 찾아 구별하기

캐나다 출신의 작곡가이자 작가, 음악교육가, 환경운동가로 활동했던 머레이 셰이퍼(R. Murray Schafer, 1933~2021)는 자신의 저서에서 '듣는 법', 즉 '침묵을 존중하도록 가르치는 것'이 제일 먼저 해야 할 일이라고 꼽았다(셰이퍼, 1994/2008). 그릇을 깨끗이 비워야 새로운 것을 담을 수 있듯이 잘 듣기 위해서는 우리의 귀를 깨끗이 씻고(Ear Cleaning) 들을 준비를 해야 한다. 로파이(Lo-fi)[1]의 시대에 우리는 이미 수많은 소리에 둘러싸여 살아가지만 다행스럽게도 뇌의 선택과 집중에 의해 우리에게 필요한 몇몇 소리를 인지하는 한편, 대체로 청각 신호에 둔감해져 음향 정보를 기계적으로 처리할 뿐 제대로 듣지 못한다. 이와 관련하여 수업의 첫 단계인 이어 클리닝과 소리 구별하기는 다음과 같다.

가) 제일 먼저 하는 일은 침묵을 듣는 것이다. 교사는 상황에 따라 충분한 시간을 주고 천천히 진행한다.

　① 인간에게 가장 많은 자극을 주는 시각을 차단함으로써 청각

---

1. Low fidelity의 약자, 신호대 잡음비가 높아 소리가 명료하지 않은 상태.

이 예민해지도록 눈을 감는다.

② 나를 중심으로 내 주변에서 어떤 소리가 나는지 듣는다. 나아가 내가 있는 공간(교실, 음악실 등)의 실내 소리를 귀 기울여 듣고, 무슨 소리인지 상상하며 기억한다.

③ 공간(교실 등)을 중심으로 인접한 위·아래층, 좌우 공간(복도, 창밖 등)으로 확장하여 귀 기울여 듣고 상상하며 기억한다.

④ 건물 전체, 옆 건물, 운동장, 그리고 먼 도로까지 확장하여 소리를 듣고 상상하며 기억한다. 이때 청각은 미세한 소리를 듣기 위해 민감한 상태이다.

⑤ 다시 역순으로 천천히 돌아온다.

⑥ 마침내 처음 공간으로 돌아왔을 때 내 주변 소리에서 나에게 집중하여 내 몸에서 어떤 소리가 나는지 듣고 상상하며 기억한다. 이로써 나를 중심으로 둘러싼 소리의 세계를 탐색한 것이다.

나) 들었던 모든 소리를 '어디에서, 무엇이, 어떻게 하는 소리'인지 구체화시켜 기록한다.

① 짝과 함께, 혹은 모둠별로 모여서 '나는 들었으나 다른 사람은 듣지 못한 소리', '나는 못 들었으나 다른 사람은 들은 소리'를 모두 모아 적고 발표한다.

② 개인이 들은 소리의 가짓수보다 각자가 들은 소리를 모았을 때의 가짓수가 더 많음을 알 수 있다. 이러한 차이의 원인에 대해 생각해 보고 발표한다. 개인이 집중한 정도, 소리 발생지로부터의 거리, 장애물 등에 의해 소리가 다를 수 있음을

설명한다.

앞의 활동을 통해 학습자들은 우리 주변에 많은 소리가 존재하지만 알아차리지 못하고 있다는 사실을 알게 된다. 이제 소리에 대해 좀 더 알아보자.

소리와 친해지기: 소리와의 첫 만남, 떨림

누구나 새로운 첫 만남은 떨리기 마련이다. 설렘으로 인한 몸의 반응이자 소리의 속성이기도 한 '떨림'의 중의적 표현을 활용하여 이 사운드스케이프 디자인 수업의 부제는 '소리와의 첫 만남, 떨림'이라고 설정하였다. 첫 만남에서는 대상을 면면이 알고 싶은 마음이 든다. 여기서 수업 단계는 다음과 같다.

먼저 주파수(Frequency)[2], 헤르츠(Hz), 가청영역(Auditory area)[3], 데시벨(Decibel, dBSPL)[4]과 같은 소리 관련 용어를 설명한다.

전문적인 청력 검사는 이비인후과에서 하는 것이 정확하지만, 시력보다 잘 알려져 있지 않은 청력에 대한 관심을 높이고자 유튜

---

2. 공간 주파수와 대비하여 흔히 시간 주파수를 뜻한다. 진동의 주기적인 현상이 단위 시간 (보통 1초) 동안 반복되는 횟수로 전자기파를 연구한 독일의 물리학자 헤르츠(H. Hertz, 1857~1894)의 이름을 따서 'Hz'라는 단위를 사용한다.

3. 가청범위 혹은 가청주파수라고도 하며, 들을 수 있는 소리의 표준 범위를 뜻한다.

4. 흔히 소리의 크기로 잘못 알려진 데시벨은 음파에 의한 압력의 변화인 음압 레벨을 측정할 때 쓰는 단위이다.

〈표 2〉 소리와 친해지기 수업 단계

가청영역의 이해		생활 속 청력		소리 이해
- 주파수, 헤르츠, 가청영역, 데시벨의 이해 - 재미로 하는 청력 검사	⇒	- 건강한 청력 - 인간과 동물의 가청영역 차이를 활용한 아이디어	⇒	- 소리의 정의 - 공명(Resonance)과 활용 - 아인슈타인과 공명 - 우주의 소리

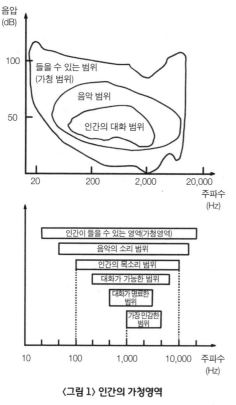

〈그림 1〉 인간의 가청영역

브의 관련 영상을 활용하여 재미로 진행한다. 10대인 학습자들은 매우 조용한 상태에서 대체로 높은 주파수까지 인지할 수 있으며 이에 대해 흥미를 느낀다. 이어서 다음의 생활과 연계한 질문에 대해 답을 적는 시간을 가진 후 발표하고 공유한다.

소리는 '물체의 진동에 의해 생긴 음파가 귀청을 울리어 귀에 들리는 것'이다. 매질의 진동을 통해 전해지는 파동이며, 사람이 들을 수 있는 소리는 '공기'를 통해 전달된다. 소리에서 중요한 현상으로는 '공명'이 있다. '외부

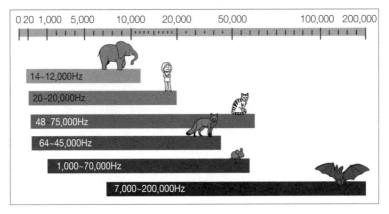

〈그림 2〉 사람과 동물의 가청영역 비교

에서 가해지는 힘의 진동수가 진동하는 물체의 고유진동수에 가
까워질 때 진동이 증폭하는 현상'을 말한다.

진동하는 물체는 에너지를 가지게 되므로(소리=떨림=에너지)
에너지를 가진 무엇이든 공명할 수 있다. 즉 우리는 가청영역 내
의 소리만 듣고 인지할 수 있지만 고유의 진동수를 가지고 소리
를 내는 세상의 많은 물체에 둘러싸여 살고 있는 것이다. 이 주제
와 관련한 자료를 준비하여 학습자들과 함께 이야기를 나눈다.
또 우리가 들을 수 있는 소리를 넘어 지구 밖 우주의 소리를 상상할

때 어떤 소리가 날지와 관련하여 영화 〈인터스텔라〉에 나오는 블랙홀을 주제로 이야기를 나눈다. 이와 관련한 질문은 다음과 같다.

질문 1) 이야기를 통해 우주에서 연주되고 있을 음악을 상상하며 다음의 비유 문장을 완성해 봅시다.
"우주의 음악은 ○○이다. 왜냐하면 ○○하기 때문이다."
질문 2) 만약 인간이 지금보다 더 넓은 폭의 소리를 들을 수 있다면 우리 생활에 어떤 변화가 있을까요? 만약 내가 돌고래의 귀를 가졌다면? 지구의 자전 소리를 들을 수 있다면?
(여기서 핵심은 듣는 소리의 크기가 커지는 것이 아니라 들을 수 있는 소리의 주파수 영역이 확대되는 것이므로, 작은 소리를 더 잘 듣게 되는 것으로 오독하지 않도록 주의합니다.)

소리 이해하기: 음높이, 음세기, 음길이, 음색, 그리고 음악

진동 폭

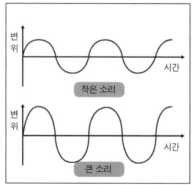

진동수

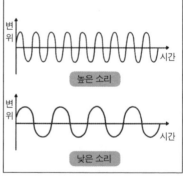

우리가 듣는 소리, 즉 물체의 진동은 여러 주파수들로 이루어져 있으며, 파장과 유형에 따라 안정적인 소리가 나게 된다. 소리는

진동 파형

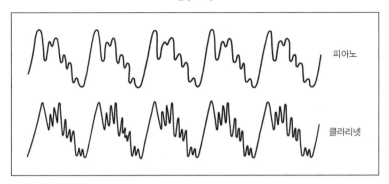

피아노

클라리넷

〈그림 3〉 소리를 결정하는 진동 폭, 진동수, 진동 파형

진동 상태(폭, 횟수, 파형 등)에 따라 '순음, 고른음, 시끄러운음'의 세 가지로 구분하며, 그중에서 많은 사람이 고른음을 선호한다.

사람마다 좋아하는 음식이 다르듯이 소리에도 선호하는 것이 있다. 20세기에 들어서는 그동안 사람들이 관습처럼 정의해 왔던 음악의 경계가 무너지고 '시끄러운음'인 소음으로까지 음악의 범

〈표 3〉 순음, 고른음, 시끄러운음의 차이

순음	배음을 포함하지 않는 가장 기본적이고 단순한 소리	보통 악기에서는 순음이 나지 않음. 예: 라디오의 시보(時報) 소리
고른음	물체의 진동이 규칙적이고 주기적으로 반복되어 생기는 소리	일정한 음의 높이를 알 수 있고 보통 몇 개의 배음을 포함하고 있음. 예: 사람 목소리, 대부분의 악기 소리
시끄러운음	진동의 상태가 매우 불규칙하고 복잡한 소리	음악에서의 시끄러운음은 대체로 타악기 등에서 남. 예: 물체끼리 부딪히는 소리

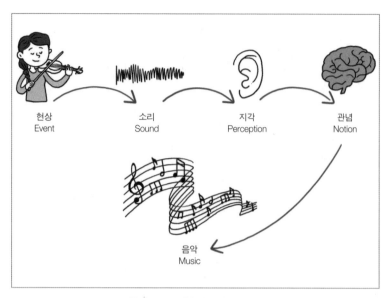

〈그림 4〉 소리가 음악으로 인지되는 과정

주가 확장되기 시작하였다. 그렇다면 우리는 소리를 어떻게 음악으로 받아들이는 것일까?

단순히 소리가 고막을 두드렸다고 해서 음악이 되는 것은 아니다. 악기나 목소리로 발생한 소리 에너지가 여러 청각기관을 거치면서 최종적으로 신경 전기에너지로 변환되고, 우리의 관념과 만나 의미가 부여될 때 음악으로 인식되는 것이다.

음악은 여러 진동이 조화를 이루는 소리이다. 음악은 우리에게 영감을 주기도 하고 기분을 바꾸어 놓기도 한다. 음악은 울림을 통해 생각뿐 아니라 인체에도 많은 영향을 미치며, 한 인간의 정체성 형성에도 크게 기여한다.

질문) 어떤 소리가 여러분의 생각을 자극하나요? 어떤 소리를 듣고 싶은가요? 어떤 메시지를 담은 음악을 들으면 좋을까요? 음악의 장르나 내용을 아울러 어떤 음악을 가까이하고 싶은가요?

여기서 좀 더 나아가 사람의 목소리와 악기 소리를 탐구하고 소리의 배음(Overtone) 원리를 간단히 설명할 수 있다. 배음은 화성의 요소인 화음을 구성하는 원리로서 일반적으로 '아름답다'고 여겨지는 음악을 이해하는 데 도움이 된다. 관련하여 장3화음과 단3화음을 비교하는 간단한 청음 테스트를 통해 흥미를 돋울 수 있다.

03 소리 중심의 음악 융합교육 방법론

사운드스케이프의 이해 및 소리 채집하기

흔히 '소리풍경'으로 번역되는 사운드스케이프는, 좀 더 정확히 말하면 시각이 감지하는 풍경(Landscape)처럼 청각이 감지하는 소리의 풍경, 즉 음향 환경이라고 할 수 있다. 다만 랜드스케이프는 야외의 풍경을 의미하지만 사운드스케이프는 부엌, 교실 등 실내 혹은 야외의 공간뿐 아니라 공부할 때나 낚시할 때 등 특정한 장소나 상황에서의 다양한 소리를 담는다. 환경디자인학자인 마이

클 사우스워스(Michael Southworth)는 시각장애인이 공간을 감지하는 주요한 방법이자 환경과 개인 간 상호작용의 결과로서 '소리 정체성'을 형성해 나가는 방법, 그리고 도시의 소리가 인간의 삶에 미치는 영향을 연구하면서 소리 환경에 대한 개념을 등장시켰다(Southworth, 1969). 이후 셰이퍼와 미국의 음악가이자 생태음향학자인 버나드 크라우스(Bernard L. Krause)에 의해 소리 연구는 음악, 음악교육 및 생태음향 분야로 연계되었고, 지금은 세계 곳곳에서 소리 교육을 통한 인문학 및 세계시민교육 등으로 발전되어 활발히 진행되고 있다.

셰이퍼는 "사운드스케이프 연구의 본령은 과학, 사회 및 예술의 중간지대"라고 표현한다(셰이퍼, 1994/2008). 소리의 물리적 속성, 인간이 수용하고 해석하는 방법을 알 수 있는 과학, 소리에 어떻게 반응하고 인간에게 어떤 영향을 미치는지를 파악하는 사회, 이상적인 사운드스케이프를 디자인함으로써 새로운 풍경을 창조할 수 있는 음악 예술로서의 비평적 접점인 것이다. 여기에 크라우스는 자연의 소리 생태계에 주목하여 인간이 만들어 내는 환경과 자연이 만들어 내는 환경의 공통 영역을 연구하면서 환경 의식과 관련한 사회 참여적이고 실천적인 관점을 제공하고 있다.

사운드스케이프 디자인 수업의 단계는 다음과 같다.

가) 먼저 사운드스케이프 및 사운드스케이프 디자인에 관한 이해를 돕기 위한 내용은 다음과 같다.

① 학습자들에게 사운드스케이프에 관한 개요를 설명한다.

이해하기		디자인 및 제작하기		성찰하기
- 사운드스케이프 및 사운드스케이프 디자인 이해 - 듣기, 채집하기, 기록하기 준비 - 일상 소리 탐색 - 디자인 연습	⇒	- 모둠 구성 및 주제 선정 - 작품 디자인 및 제작 기획 - 스토리보드 및 프로그램 학습 - 소리 채집 및 구성 - 작품 완성 및 소리 악보 제작	⇒	- 작품 해설 작성 - 발표 및 기록, 작품 분석 - 성찰 일지 작성 - 공유

② TED 콘퍼런스 채널의 크라우스 강연 영상[5]을 시청한다. 시청 중 필요 시 영상을 멈추어 학습자들의 이해 수준보다 어려운 내용은 충분한 설명을 통해 사운드스케이프에 대한 이해를 돕는다.

③ 크라우스의 강연 영상을 통해 새롭게 알게 된 점을 기록하고 발표하게 한다.

④ 사운드스케이프에 관한 영상[6]을 시청한다. 이때 화면을 띄운 후 첫 화면의 장소와 상황, 발생할 수 있는 소리를 유추하여 발표하게 한다. 이러한 활동은 소리에 대한 상상력을 키울 수 있다.

⑤ 영상에 나오는 소리 채집 장비 및 작가가 사용하는 음향 편집 프로그램에 대해 설명한다. 음향 편집 프로그램을 조작하는 장면에서는 작가가 무엇을 조절하고 있는지, 다양한 소리 도구를 테스트하는 장면에서는 어떤 차이를 느낄 수 있는지

---

5. 버나드 크라우스의 TED 콘퍼런스 강연 영상(https://youtu.be/uTbA-mxo858) 참조, 2019년 12월 5일 검색.

6. YTN 사이언스, 〈소리로 풍경을 그리는 사운드스케이프〉(https://youtu.be/Y3mvAAqHleg) 참조, 2021년 3월 8일 검색.

발표하게 한다.

나) 다음으로 소리를 잘 듣고, 잘 채집하고, 잘 기록하기 위해서 해야 할 일과 필요한 것은 무엇인지 생각한 후 적고, 서로 내용을 공유하도록 한다.

〈표 5〉 소리 채집을 위한 준비

	해야 할 일	필요한 것
잘 들으려면		
잘 채집하려면		
잘 기록하려면		

① 소리를 잘 듣고, 채집하고, 기록하기 위해서는 먼저 듣고자 하는 소리를 파악하고, 그 소리를 잘 들을 수 있는 장소와 상황을 물색하여 주변의 장애물을 제거한 후 이어 클리닝을 통해 귀를 기울여 집중하는 마음가짐이 필요할 것이다. 또한 채집에 필요한 녹음기, 마이크 등의 장비를 준비하고 가장 원하는 소리가 채집될 때까지 반복적으로 녹음해야 한다.

② 이때 해당 소리가 언제 어디서 어떻게 채집되었는지 일지를 작성하여 출처를 기록함으로써 향후 다시 채집해야 할 때를 대비하는 것이 좋다.

다) 이제 소리와 마주하기 위한 연습을 한다.

① 우리 학교 곳곳에는 어떤 소리가 나고 있을지, 우리 동네 곳곳에는 어떤 소리가 나고 있을지를 상상하여 일정 시간 동안 작성하고, 친구들과 서로 공유하도록 한다.

② 등교하지 않는 주말이나 공휴일을 지정하여 아침에 일어나 서부터 잠자리에 들기까지 들은 소리를 기록하는 '음 일지 작성 과제'를 낸다. 이 과제는 각기 다른 환경에 놓인 학습자들이 하루 동안 주변의 소리에 집중하도록 하고, 어디서 어떻게 나는 소리인지 분석하게 함으로써 스스로 소리에 대한 탐구를 시작하게 한다.

③ 또한 자신이 들은 소리를 자연음, 인간음, 기계음으로 분류하여 자신을 둘러싼 소리의 분포를 알아보고, 도출할 수 있는 의미에 대해 토론함으로써 소리 환경에 대한 인식을 구조화하게 한다.

라) 이 수업의 주요 과제인 사운드스케이프 디자인을 위해 폴리 아티스트(foley artist: 음향 효과를 위해 인공적으로 소리를 만드는 사람)[7]에 대한 영상을 시청하고 필요한 소리를 직접 만드는 방법과 사운드스케이프 디자인에 대해 안내한다.

사운드스케이프 제작하기: 소리 구성 및 디자인하기

셰이퍼는 사운드스케이프의 음악교육적 관점에 대해 다음과 같이 말하였다.

---

7. YTN 사이언스, 〈영화의 몰입을 높이는 소리의 마술〉(https://youtu.be/lj9tMJRxlw4) 참조, 2021년 4월 2일 검색.

"오늘날 모든 소리는 음악의 포괄적인 영역 내에서 끊임없는 가능성의 장을 형성하고 있다. 새로운 오케스트라, 새로운 소리의 세계에 귀를 열어야 한다. 소리를 내는 어떤 사람도, 소리를 내는 어떤 것도 음악가인 것이다."(셰이퍼, 1994/2008)

"학생들 스스로 선택한 자료를 갖고 오도록 하자. 교사는 중립을 유지하면서 준비된 자료가 무엇이든지 그것으로 음악성을 향상시키는 데 전념해야 한다."(셰이퍼, 2015)

사운드스케이프 디자인을 어렵게 생각할 필요가 없다. 학습자들은 소리에 대한 개념을 이해하고 자신과 밀접한 소리에 대해 탐구하기 시작하였다. 교사는 다음과 같은 가이드라인을 제시하고 자유롭게 디자인하도록 장려하되 삶의 예술가로서 밀도 높은 음악 제작 경험이 될 수 있도록 지도한다.

가) 모둠 구성 및 주제 선정

① 무임승차를 방지하기 위해 프로젝트 모둠은 3명을 넘지 않도록 구성한다.

② 모둠별로 작품을 통해 전달하고 싶은 메시지를 선정하고, 그 이유를 작성한다. 이때 사운드스케이프 디자인이란 주변 소리를 녹음하는 것이 목표가 아니라 소리를 비평적인 관점에서 바라보고 특별한 의미를 발견하는 것이 목적임을 충분히 주지시킨다.

③ 주제 선정 후 작품에 필요한 소리는 어떤 것이 있을지 상의하여 적는다. 해당 소리를 언제, 어디서, 어떻게 채집할 수 있을지 방법을 논의한다.

나) 스토리보드 작성

① 2분 내외의 작품에 대한 스토리보드를 작성한다. 모둠에서 전달하고자 하는 메시지에 따라 장면을 설정하고 각 장면별 내용에 삽입될 소리를 세세히 계획한다. 각 소리를 어떻게 구성할 것인지 페이드인/아웃, 리벌브, 에코 등의 음향 편집을 계획하여 구체적인 스케치가 나오도록 작성한다.

② 주제와 스토리보드가 담긴 학습지는 교사의 검토를 받아 완성한다. 이때 교사는 장면 분할과 장면별 시간이 적정한지, 내용의 완급은 적절한지, 필요한 음원의 종류와 구성 방법은 잘 숙지하고 있는지 등에 대해 피드백한다.

〈표 6〉 사운드스케이프 스토리보드 예시

장면 번호	시간	내용	삽입된 소리	구성 방법
#1	00:00 ~			
#2				
#3				

*장면이 더 필요하다면 다른 종이에 표를 그려 붙이세요!

다) 사운드 편집 프로그램 안내 및 작업

① 교사는 사운드스케이프 작품을 디자인하고 완성할 수 있는 충분한 가이드라인과 시간을 제공한다. 주중 음악 시수가 많지 않기 때문에 학습자들이 생활에서 필요한 소리를 채집하고 구성할 수 있도록 기간을 넉넉히 잡는다.

② 교사는 선정된 음원 편집 프로그램에 학습자들이 쉽게 접근할 수 있도록 설명하거나 자료를 안내한다. 섬세한 편집 작업이 이루어진다면 좋겠지만 만약 학습자들 중 이러한 음향 편집 프로그램의 사용이 여의치 않을 경우에는 동영상 편집 앱이나 녹음 앱을 활용해도 좋다고 안내한다.

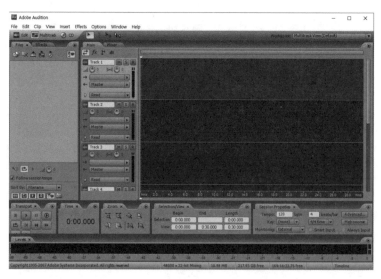

〈그림 5〉 음향 편집 프로그램 '오디션(Audition)'의 화면

③ 학습자들은 스토리보드에 따라 소리를 채집하고, 편집하고, 구성한다. 작업 과정 중 변동이 있을 시에는 스토리보드를 수정할 수 있다.

④ 작품이 완성되면 소리의 높낮이와 시간의 흐름에 따른 소리 악보를 만든다. 다양한 색깔의 펜을 사용하여 가독성을 높이면 더욱 좋다.

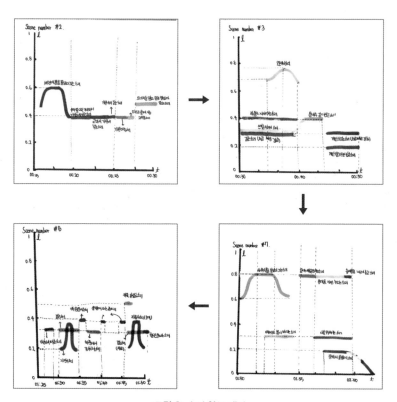

〈그림 6〉 소리 악보 예시

 몇 주 동안 소리를 탐구하며 채집하고 구성한 학습자들이 자신이 만든 사운드스케이프 작품을 발표하고 친구들과 공유함으로써 프로젝트 과정과 결과물에 대해 성찰하는 단계이다. 교사는 학생들이 작품을 들으며 생각을 기록하기 위한 평가지와 성찰 질문이 적힌 성찰 일지를 제공한다.

가) 작품 발표

①**작품 제목 및 해설 작성** 작품 발표에 앞서 학생들이 자신들의 작품에 제목과 50자 내외의 해설을 작성할 수 있도록 패들렛(Padlet)이나 구글 시트와 같은 공유 웹사이트를 제공한다. 이를 통해 작품의 주제와 제목, 해설을 구별하고 고심하여 문장화하는 연습을 통해 작품의 의미를 정리하고 전달하는 경험을 해 볼 수 있다. 이는 제작자의 작품 의도를 미리 알고 감상하게 함으로써 작품에 대한 이해를 도와 '아는 만큼 들리게 하는' 활동이다.

②**평가** 학급 친구들의 작품을 들으며 평가지를 작성한다. 이때 중요한 것은 사실로서의 소리, 즉 "소리가 크다, 새소리가 들린다"와 같은 현상이 아니라 작품을 통해 어떤 것이 느껴지고 의미가 있으며, 무엇이 잘되었고 무엇이 보완되어야 하는지에 관한 비평을 적는 것이다.

〈표 7〉 작품 평가지 예시

	제작자 (번호, 이름)	제목	작품을 감상하며 든 생각
1			
2			

③ **분석** 작품을 감상한 후 기록을 바탕으로 서로의 생각을 나눈

다. 이때 교사는 작품에 삽입된 소리의

의미가 고착되지 않고 다양한 해석이

발현될 수 있도록 유도한다. 필요에 따

라 제작자에게 질문을 통해 의도에 따

른 소리의 편집 방법과 의미를 물어보

고 답변하게 함으로써 사전에 작성한

해설의 미비점을 보완할 수 있다.

〈그림 6〉 사운드케이프

나) 성찰

좋은 질문이란 무엇인가? 임새롬은 수업활동 후 평가로 마무리하

는 것이 아닌, 좋은 질문을 통한 성찰의 과정에 주목하라고 말한

다(임새롬, 2022). 재미가 있었는지, 힘들었는지와 같은 감정에 관

한 질문이 아니라 "학습자 수준에서 깨달을 수 없는 측면을 발견

하고 의미를 생성할 수 있는 질문을 통한 비계(scaffolding)를 설

정"하기 위한 질문, "작품과 학습자가 소통한 결과를 삶과 연계

할 수 있는 좋은 질문을 할 수 있어야 한다"(임새롬, 2022)는 것이

다. 그린은 심미적인 질문이 미적 경험을 "더 사색하게 만들고, 비판적이며, (내면에서) 공명하도록 만든다"라고 하였다(Greene, 1995).

사운드스케이프 디자인 수업은 소리를 탐구하고, 비판적으로 사색하게 하며, 내면의 울림을 통해 더 나은 소리 환경을 만들도록 실천하게 하는 목적을 가진다. 또한 음악의 소비자뿐 아니라 소리에 대한 재발견과 구성을 통해 음악가로서 창작하게 하는 목적이 있다. 이에 따라 성찰의 과정은 다음과 같다.

① 자신의 경험으로 내면화하기 위한 성찰 질문은 다음과 같다.

- 여러분이 작업한 방식은 어떤 음악 관련 직업, 어떤 작업에 사용될까?
- 사운드스케이프 수업을 진행하며 들었던 생각들을 정리해 보자 (생각을 교류하고 협동하며 작품 계획을 구체화할 때, 소리를 채집할 때, 소리를 편집할 때, 발표를 준비할 때).
- 수업 전과 후를 비교할 때 소리는, 음악은 당신에게 무엇인가?
- 일상의 소리와 작품의 소리에는 어떤 차이가 있나?
- 예술가는 작품을 창작하기 위해 무수한 고민과 시간을 들인다. 내가 작품을 완성할 때까지의 과정과 비교할 때 무엇을 알게 되었나?
- 예술 작품이 일상에 기여하는 것은 무엇일까?
- 사운드스케이프를 제작하는 활동을 통해 당신 삶의 예술가로서 무엇을 알게 되었나?

② 학생들이 수업 과정을 되돌아보며 성찰 일지를 진지하게 작

성할 수 있도록 충분한 시간을 제공한다.

③ 작성이 끝나면 임의의 모둠을 구성하여 조용한 가운데 서로의 성찰 일지를 읽어 보도록 한다. 주어진 시간 동안 가능한 많은 공유가 일어나도록 한다.

④ 공유가 끝나면 친구들과 자신의 생각을 비교하여 발표함으로써 생각을 나눈다.

생각의 공유와 소리에 대한 인식 변화는 세계를 넓힌다. 학생들은 앞의 성찰 질문 일곱 가지를 통해 소리를 채집하고 조작하는 단계에서 성장하여 메타인지로서 작업의 전 과정뿐 아니라 예술가의 세계와 나의 세계를 조망할 수 있다. 예술가는 특별한 재능을 가지고 태어난 천재가 아니며, 예술 작품은 원래부터 존재하는 것이 아닌 예술가의 치열한 분투를 통해 생성된 결과물이자 이해받기 위해 표현된 의미체로서 우리가 시간을 들여 주목해야 하는 대상임을 알게 되는 것이다. 학생들의 성찰 일지 사례는 〈그림 7〉과 같다.

사운드스케이프 작품 제작에 대한 교사의 평가는 프로젝트 결과물 평가, 관찰 평가, 프로세스폴리오 평가, 학생들의 자기 및 동료 평가지 등을 혼합하여 활용할 수 있으며, 독창성·완성도·전달력·성실도 등의 평가 요소로 나누어 채점할 수 있다.

〈그림 7〉 활동 후
성찰 일지

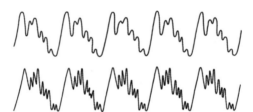

문학과 지리의 융합교육은 학생들에게 공간적 사고, 비판적 분석, 상상력적 이
해 등 폭넓은 역량 개발 학습에 도움을 주는 소중한 접근법이 될 것이다. 이 학
습은 또한 학생들이 학습 과정에서 적극적인 역할을 하고 그들 자신의 교육 여
정에서 주인공이 되기 때문에 학생들에게 더 매력적이고 즐겁게 학습을 할 수
있다.

가상공간 체험을 통한 문학·지리 융합교육[1]

- 주현식 -

1. 이 장은 주현식·백성혜·오윤선(2022)의 「구글어스를 활용한 문학·지리 교육-학습자의 『열하일기』 장소체험을 중심으로-」(『문학교육학』76)를 압축하여 정리한 내용이다.

이 글에서는 교과서에서 제재로 많이 활용되는 조선 후기 기행문인 『열하일기』(1780) 교육을 위해 문학·지리학적 접근이 유용함을 논의하고, 그 교육적 의의에 대해 이야기하고자 한다. 교육 도구로는 직관적인 인터페이스로 구성되어 있어 누구나 쉽게 디지털 지도 제작이 가능한 구글어스(Google Earth)를 활용하였다. 『열하일기』는 조선 후기 실학자이자 문장가인 연암(燕巖) 박지원(朴趾源)이 청나라를 여행하며 쓴 글이라는 점을 실감하면서, 특히 2015 개정 교육과정에 따른 국어·문학 교과서에 실린 작품들 중 「호곡장론」, 「일야구도하기」, 「상기」를 중심으로 그 여정을 따라가 보고자 한다.

학습자는 구글어스의 맵 시점으로 박지원의 『열하일기』 속 전체 여정의 경로를 그려 보고자 한다. 원거리 지도 제작을 통해 추상적이긴 하지만 『열하일기』의 여정 속 지리적 분포와 장소 간의 상호 관계를 일종의 그래픽 에세이처럼 재현할 수 있다. 그래서 장소들의 상관관계가 형성하는 패턴에 따라 『열하일기』의 공간적 맥락을 학습할 수 있게 된다. 원거리 지도의 그래프를 통해 박지원이 거쳐 갔던 장소들의 물질성과 그로 말미암은 상징성이 어떻게 해서 경계론적 장소성을 형성했으며, 그것을 박지원이 글쓰기를 통해 어떠한 방식으로 형상화했는지를 학습자는 확인할 수 있다.

박지원이 열하에 도달하기까지의 여정을 구글어스로 시각화하는 과정에서 학습자가 반드시 이를 기존 지도 만들 듯이 규격화되고 표준화된 지도로 만들 필요는 없다. 심층적 지도 그리기 또한 가능하다. 심층적 지도 그리기란 사용자의 의도대로 사진, 스케치맵, 텍스트, 오디오 등 다양한 미디어들을 지도에 혼합하여 사용자 자신만의 지도를 만드는 과정이다. 구글어스의 뷰 시점 가상현실, 360도 파노라마, 그리고 이미지 오버레이나 다각형 기능을 활용해 학습자의 주관과 심리가 반영된 『열하일기』의 지도 제작이 가능하다. 그러한 심층적 지도는 『열하일기』의 장소에 현상학적으로 거주하면서 열하에 이르는 지도를 읽을 뿐만 아니라 다시 쓸 수 있는 기회를 학습자에게 제공한다.

02 구글어스를 이용한 문학·지리 융합교육 모델

구글어스를 이용한 『열하일기』의 장소 체험

『열하일기』 속 박지원 일행이 조선의 도성인 한양을 떠나 청나라의 열하에 도착한 여정을 구글어스에서 구현할 수 있는데, 현대독자들을 위해 『열하일기』의 여정을 재구성한 〈EBS 다큐 프라임-김연수의 열하일기〉를 참조하여, 열하까지 당도하는 길을 제시하면 다음과 같다.

〈표 1〉『열하일기』 속 여정

일시(음력)	여정	출처	경험
6월 24일	의주 통군정	「도강록」	조선에서의 마지막 숙소
6월 24일	호산 마을	「도강록」	압록강을 건너 갈밭을 헤치고 나아가 호산 마을에 당도하다
6월 24일	애랄하	「도강록」	압록강과의 거리는 10리에 불과하다
6월 24일	구련성	「도강록」	중국에 도착해 묵은 첫 숙소
6월 27일	봉황산 책문	「도강록」	중국으로 들어가는 첫 관문
7월 8일	냉정, 요양 백탑	「도강록」	요양에 도달하다
7월 10일	심양	「성경잡지」	심양 행궁을 구경하다
7월 15일	의무려산, 북진 묘	「일신수필」	북진 묘에 가다
7월 19일	영원성	「일신수필」	조가 패루를 보다
7월 23일	산해관	「일신수필」	산해관에 들다
7월 26일	이제 묘	「관내정사」	백이숙제가 사는 곳에 대해 의문을 품다
8월 1일	연경	「관내정사」	연경에 도착하다
8월 4일	연경	「관내정사」	유리창을 구경하다
8월 5일	연경	「막북행정록」	연경을 떠나 열하로 향하다
8월 6일	밀운성	「막북행정록」	밀운성에 도착하다
8월 7일	고북구	「막북행정록」	「야출고북구기」, 「일야구도하기」를 따로 적다
8월 9일	열하	「막북행정록」	열하에 들어 태학에 머물다

〈EBS 다큐 프라임-김연수의 열하일기〉에서 제시된 노정과 박지원의 『열하일기』 속 여정을 비교, 대조하여 중요한 여정만 간추리고 구글어스상의 툴바에서 아이콘을 골라 그 여정지를 표시하였다(큐알 코드를 확인하면 〈그림 1〉 '구글어스에 구현한 『열하일

기』속 여정'으로 확인할 수 있다). 그리고 박지원의 여행 일자에 여정지에 관한 소개 글이나 사진을 덧붙였다(큐알 코드를 확인하면 〈그림 2〉'피서산장'에 추가한 소개 글과 사진'을 볼 수 있다).

〈그림 1〉 구글어스에 구현한 『열하일기』속 여정

https://m.blog.naver.com/PostView.naver?blogId=yeats126&logNo=223011528566&proxyReferer=

〈그림 2〉 '피서산장'에 추가한 소개 글과 사진

https://m.blog.naver.com/PostView.naver?blogId=yeats126&logNo=223011529515&proxyReferer=

「호곡장론」, 「일야구도하기」, 「상기」속 장소를 파악하고자 구글어스를 통해 둘러싼 지형지물을 확인했다. 「호곡장론」은 삼류하(三流河)를 건너 냉정(冷井)에서 아침밥을 먹고 10리 남짓 가서 산모롱이 하나를 접어들자 요양 '백탑'이 보이면서 시작된다. 요양에 도달하기까지의 지명인 삼류하, 냉정 등이 어디인지 현재로서는 뚜렷하지 않다. 그러나 그 경로는 추측할 수 있다. 박지원 일행은 책문에서 북쪽으로 거슬러 올라와 마운령, 낭자산 등의 큰 재를 넘었고(박지원, 2016: 115), 요동의 동쪽에 있는 왕상령 고개에 도달하였다(박지원, 2016: 292). 왕상령 고개를 거쳐 10여 리를 가서 냉정에 도착(박지원, 2016: 292)해 아침밥을 먹었고, 냉정을 빠져나오자 산세가 꺾이면서 요양 백탑이 보인다고 묘사되어 있다.

큐알 코드를 확인하면 〈그림 3〉맵 시점의 '요양 백탑'을 볼 수 있고, 지도에 표기된 A, B, C, D의 위치를 통해 다음과 같은 사실을 알 수 있다.

C는 현재도 요양 백탑이 남아 있는 바이타구다. 책문이 있는 봉황산에서 이곳으로 오기 위해서는 A의 산세를 거쳐 B의 초입을 통과해야 한다. A에 왕상령 고개가 있었을 것이고, B에 냉정이 있었을 것이다. 현재 C 지역은 도시화가 진행되어 드넓었던 요동 벌판의 자취를 찾아볼 수 없다. 그러나 D에는 아직도 요동 평야의 너른 벌판이 남아 있다. 이를 통해 18세기에는 C에도 비슷한 크기의 요동 벌판이 있었으리라 추측된다.

〈그림 3〉맵 시점의 '요양 백탑'

https://m.blog.naver.com/PostView.naver?blogId=yeats126&logNo=2
23011530164&proxyReferer=

구글어스에서 다음의 가상 이미지 (〈그림 4〉뷰 시점의 '요양 백탑' 확인)처럼 요양 백탑이 있는 너른 평지를 학습자가 체험하는 것은 박지원이 산에서 빠져나와 요동 벌판과 마주했을 때 느꼈던 감정 등의 장소감을 학습자로 하여금 추체험하게 한다.

〈그림 4〉 뷰 시점의 '요양 백탑'

https://m.blog.naver.com/PostView.naver?blogId=yeats126&logNo=2
23011531541&proxyReferer=

「일야구도하기」에서 박지원이 하룻밤에 아홉 번 건넜다는 강은 어디였을까? 고북구(구베이커우)를 나와 피서산장이 있는 지금의 청더시까지 가는 경로는 현재로서도 명확히 알려져 있지 않다. 그러나 박지원은 어떤 강을 건넜는지는 암시하고 있다.

> "때로는 우수수하는 바람이 머리카락을 나부낀다. 따로 「야출고북구기」에 적은 것이 있다. 물가에 다다르니 길이 끊어지고 물이 넓어서 아득히 갈 곳을 찾을 수 없는데 다만 네다섯 허물어진 집들이 언덕을 의지하여 서 있었다. 제독이 달려가서 말에서 내려 손수 문을 두드리며 백천 번 거듭 그 주인을 불러 호통쳤다. 그는 그제야 대답하며 문을 나와 자기 집 앞에서 곧 건너기를 가르쳐 준다. 돈 5백 닢으로 그를 품 사서 정사의 가마 앞을 인도하게 하여 마침내 물을 건넜다. 대개 한 강물을 아홉 번이나 건너는데 물속에는 돌에 이끼가 끼어서 몹시 미끄러우며, 물이 말 배에 넘실거려 다리를 옹송그리고, 발을 모아 한 손으로 고삐를 잡고 또 한 손으로는 안장을 꽉 잡고, 끌어 주는 이도 없건마는 그래도 떨어지지 않는다. (중략) 따로 「일야구도하기」를 적은 것이 있다."(박지원, 「막북행정록」 중)

> "지금 나는 밤중에 한 강을 아홉 번 건넜다. 강은 새외로부터 나와서

장성을 뚫고 유하와 조하, 황하, 진천 등 모든 물과 합쳐 밀운성 밑을 거쳐 백하가 되었다. 나는 어제 두 번째 배로 백하를 건넜는데, 이것은 하류였다."(박지원, 「일야구도하기」 중)

　박지원은 고북구를 빠져나온 소회를 「야출고북구기」에 적는다. 그런 연후 물가에 다다랐다고 쓰고 있다. 이로 미루어 강물은 고북구에 근접해 있다고 추측된다. 이 강물이 「일야구도하기」를 쓰도록 한 장소, 박지원이 하룻밤에 아홉 번이나 건넌 곳이다. 강의 지명을 특정할 수는 없다. 그러나 「일야구도하기」에 적고 있듯이, 고북구에 오기 전 밀운성 밑의 '백하'를 건넜고, 이것은 백하의 하류였다고 박지원은 말하고 있다. 따라서 "나는 어제 두 번째 배로 백하를 건넜는데, 이것은 하류였다"는 말의 뉘앙스를 헤아려 역으로 보자면 「일야구도하기」의 강은 '백하'의 상류라고 볼 수 있다. 일반적으로 「일야구도하기」의 체험 공간은 밀운으로 알려져 있으며 밀운 강줄기를 아홉 번 건넌 것으로 이야기되고 있으나 이때의 밀운 강줄기가 어디인지는 애매모호하다. 더구나 「야출고북구기」를 쓰고 난 후에 「일야구도하기」를 썼다면 「일야구도하기」는 밀운을 지나 고북구 근처의 도강 체험에 대한 서술이라 봐야 한다.
　백하는 지금 조백하의 한 지류다. 조백하 혹은 차오바이강(중국어: 潮白河, 병음: cháobái hé)은 중국 북부에 있는 강이다. 강의 길이는 458km로 베이징(『열하일기』 속 연경) 미원저수지(밀운성)

의 차오강(조하)과 바이강(백하)이 합류하여 허베이성(청더, 열하)을 거쳐 톈진시 하이허계의 대운하로 흐른다.[2]

큐알 코드를 확인하면 〈그림 5〉 '밀운성과 고북구(맵 시점)'를 볼 수 있는데, 〈그림 5〉와 같이 연경에서 열하로 가기 위해서는 밀운성(A)을 거쳐 고북구(B)로 향해야 한다.

〈그림 5〉 밀운성과 고북구(맵 시점)

https://m.blog.naver.com/PostView.naver?blogId=yeats126&logNo=2
23011531982&proxyReferer=

큐알 코드를 확인하면 〈그림 6〉 '밀운성의 조하(맵 시점)'를 확인할 수 있는데, 〈그림 6〉에서처럼 밀운성에는 차오강(Chaohe River), 즉 지금의 조백하의 하류, 박지원의 말대로라면 (조)백하의 하류(C)가 있다.

〈그림 6〉 밀운성의 조하(맵 시점)

https://m.blog.naver.com/PostView.naver?blogId=yeats126&logNo=2
23011532577&proxyReferer=

큐알 코드를 확인하면 〈그림 7〉 '고북구 주위의 조하(맵 시점)'

---

2. 위키백과의 '조백하'(https://en.wikipedia.org/wiki/Chaobai_River) 참조.

를 확인할 수 있는데, 〈그림 7〉에서 보듯이 밀운성의 조하는 북쪽으로 고북구까지 이어진다. 고북구(B) 주위를 휘감아 흐르고 있는 강은 조하(C)이다. 고북구는 밀운성의 북쪽에 있으므로 고북구 주변의 조하는 (조)백하의 상류라 할 수 있다.

〈그림 7〉 고북구 주위의 조하(맵 시점)

https://m.blog.naver.com/PostView.naver?blogId=yeats126&logNo=223011533171&proxyReferer=

8월 7일에 고북구를 나섰을 때 하루에 아홉 번이나 건너야 했던 강은 조하 혹은 조백하의 상류인 셈이다. 이곳은 지형에서 보이듯이 산세가 험한 곳이다. 고북구는 어떤 곳인가?

"장성의 험요(險要)로는 고북구만 한 곳이 없다. (중략) 나벽의 지유에 말하기를 "연경 북쪽 8백 리 밖에는 거용관이 있고, 관의 동쪽 2백 리 밖에는 호북구(虎北口)가 있는데, 호북구가 곧 고북구다." (중략) 대개 장성을 둘러서 구(口)라고 일컫는 데가 백으로 헤아릴 수 없을 정도다. 산을 의지해서 산을 쌓았는데, 끊어진 구렁과 깊은 시내는 입을 벌린 듯이 구멍이 뚫린 듯이 흐르는 물이 부딪쳐 뚫어지면 성을 쌓을 수 없어 정장을 만들었다. (중략)"(박지원, 「일야구도하기」 중)

'험요', '호북구', "입을 벌린 듯이 구멍이 뚫린 듯이 흐르는 물"은 모두 고북구 주위의 험난한 지형을 묘사한 단어나 표현들로 고북구 주변의 산협에서 흐르는 강물인 조하의 험준한 지세를 짐작하게 한다. 사신의 일행이 조백하의 상류를 빠져나오기는 쉽지 않았으리라 추측된다. 「일야구도하기」는 이와 같은 지형지물 속에서 탄생되었다. 크게 곡선으로 휘돌아 고북구를 흘러나가는 조하의 이미지에서 독자는 박지원이 느꼈을 법한 공포와 그럼에도 평정심을 잃지 않으려는 마음가짐을 상기할 수 있다. 열하에 이르는 길은 "빠른 여울, 사나운 큰물, 높은 고개, 험한 언덕이 많아서 모두들 그 험하고도 먼 곳으로의 발섭을 꺼리"(박지원, 2016: 353)는 노정이었던 것이다. 한편 피서 산장이 있는 열하에 대해 박지원은 다음과 같이 기술하고 있다.

이제 청이 천하를 통일하고서는 비로소 열하라 이름하였으니 실로 장성 밖의 요해의 땅이었다. 강희 황제 때로부터 늘 여름이면 이곳에 거둥하여 더위를 피하였다. 그의 궁전들은 채색이나 아로새김도 없이 하여 피서 산장이라 이름하고, 여기에서 서적을 읽고 때로는 임천(林泉)을 거닐며 천하의 일을 다 잊어버리고는 짐짓 평민이 되어 보겠다는 뜻이 있는 듯하다. 그 실상은 이곳이 험한 요새이어서 몽고의 목구멍을 막는 동시에 북쪽 변방 깊숙한 곳이었으므로 이름은 비록 피서라 하였으나 실상인즉 천자 스스로 북호(北胡)를 막음이었다(박지원, 「행재잡록」 중).

큐알 코드를 확인하면 〈그림 8〉 '피서 산장(왼쪽: 맵 시점, 오른쪽: 뷰 시점)'을 확인할 수 있는데, 황제의 행재소는 〈그림 8〉의 왼쪽에 동그라미로 표시되어 있다. 왼쪽으로는 청더산이 있고, 오른쪽으로는 '뜨거운 강', 즉 수온이 높아 겨울에도 잘 얼지 않는 '열하'가 흐르고 있다. 성지와 궁전이 해마다 늘어서 청나라 황제들이 천하의 일을 다 잊기 위해 이곳을 찾는다고 박지원은 서술하고 있다.

360도 파노라마 이미지로 구현된 구글어스의 뷰 시점(〈그림 8〉의 오른쪽)은 이곳이 얼마나 영화롭고 무릉도원 같은 낙원이었는지를 시사하고 있다. 그러나 박지원에 따르면 이곳은 피서지의 역할뿐만 아니라 산과 강으로 둘러싸여 있으면서 최북단에 자리해 북방 몽고족을 막는 난공불락의 요새 역할도 하였다. 피서 산장에 대한 구글어스의 맵 시점과 뷰 시점을 통해 북쪽에 위치한 요새로서의 튼튼함과 휴양지로서의 즐거움을 학습자는 동시에 느낄 수 있다.

〈그림 8〉 피서 산장(왼쪽: 맵 시점, 오른쪽: 뷰 시점)

https://m.blog.naver.com/PostView.naver?blogId=yeats126&logNo=223011533867&proxyReferer=

원거리 지도 그리기와 심층 지도 그리기

박지원이 열하에 도달하기까지의 여정을 구글어스로 시각화하는 것은 원거리 지도 그리기(Distance mapping)로서 원거리 읽기(Distance reading)를 학습자에게 촉진한다. 지금까지 『열하일기』의 교수 학습은 『열하일기』 중 중요하다고 생각되는 단편들을 추려 이를 자세하게 읽는 방식(Close reading)으로 진행되었다. 이에 반해 여기에서는 지도를 제작함으로써 박지원이 여행했던 경로들의 전체 연결을 강조하고자 했다.

이러한 경로는 『열하일기』의 지리적 변화와 장소들의 상호관계를 학습자들이 이해하는 데 도움을 준다. 물론 이 과정에서 텍스트의 주제적 의미는 의도적으로 축소되고 추상화의 과정을 겪을 것이다(Moretti, 2005). 그러나 텍스트로부터 한 발짝 물러나서 장소의 전체적인 연결을 좀 더 예각화함으로써 『열하일기』의 맥락적 정보, 공간의 지시 대상을 학습자들이 이해하는 기반이 마련될 수 있다. 박지원이 거쳤던 장소들이 『열하일기』를 어떻게 의미화했고, 『열하일기』가 그 장소들을 또 어떻게 재의미화했는지 맥락과 내용 간의 좀 더 정교한 연결이 가능해진다.

원거리 지도 그리기에 의해 드러나는 것은 그 전체적인 감각 속에서 한 장소와 다른 장소의 공통점, 즉 규칙처럼 반복되어 나타나는 패턴을 밝혀낼 수 있다는 점이다. 이와 연계해 앞서 다룬 「호곡장론」, 「일야구도하기」, 「상기」의 장소들은 경계성

(Liminality)을 지닌다는 점이 특징이라 할 수 있겠다. 이 단편들에 재현된 요양, 조하, 열하의 장소성은 물질적·상징적으로 경계성을 특질로 하고 있다.

「호곡장론」의 '요양'은 책문에서 산을 거슬러 올라갔다가 고도가 평평해지면서 평야지대로 접어들 때 보이기 시작한다. 마치 문의 경첩처럼 요양 백탑이 보이기 시작하는 곳은 수직의 고도와 수평의 지평선이 마주하는 자리이다. 「일야구도하기」에서 체험되는 '조하'의 거센 강물은 '열하'라는 목적지에 도달하기 위한 전이지대를 형성한다. 깨달음을 위한 시련의 과정을 조하의 강물이 형상화하고 있다.

「상기」가 쓰인 '열하', 청더 산맥과 열하라는 강 사이에 끼어 있는 장소는 세상의 경계로 기능한다. 황제들의 낙원이라는 점에서 현실 세계와 유리된, 인간으로서 모든 것을 누릴 수 있는 최고의 도락의 장소다. 동시에 청나라의 국경 요새 역할을 하며 몽고족을 막기 위한 최전방의 보루이기도 하다. 경계성의 효과를 두드러지게 부각하는 물질적 장소, 이 점이 요양, 조하, 열하의 공통된 장소성이다. 그런 점에서 이들 장소가 연결된 경로는 『열하일기』에서 한 패턴을 구현하고 있다.

차이점도 있다. 경계성이 상징하는 바가 장소마다 약간씩 다르다. 그래서 저마다의 다른 경험과 장소 정체성을 낳고 있다. 「호곡장론」의 경계적 장소에서는 갑갑하고 힘들기만 했던 산맥을 지나 갑자기 요동 벌판의 드넓은 평야지대로 나왔던 까닭에, 무한함의 감각이 지각되면서도 그 공간적 무한함의 감각은 명확히 지각되거나 인식되지 않는다. 무제한적인 평야가 앞에 가시적으로 재현되고 있지만 그 뒤에 비가시적이면서도 재현될 수 없는 경이로운 무엇인가가 더 있다는 느낌을 들게 한다. 그래서 박지원은 "참된 칠정에서 우러나온 지극하고도 참된 소리란 참고 눌러서 저 천지 사이에 서리고 엉기어 감히 나타내지 못한다오"(박지원, 2016: 116)라고 언급하고 있다. 그러나 이어 구체적이면서 유한한, 현재적 대상에 환원될 수 없는 무한함의 감각은 오직 생명 창조의 순간에 자리한 아기의 울음을 통해서만 전달될 수 있을 뿐이라고 박지원은 말한다. "[갓난아기]가 어머니의 태중에 있을 때 캄캄하고 막혀서 갑갑하게 지내다가, 갑자기 넓고 훤한 곳에 터져 나와 손을 펴고 발을 펴매 그 마음이 시원할 것이니, 어찌 한마디 참된 소리를 내어 제멋대로 외치지 않으리오."(박지원, 2016: 117) 하늘과 땅만 있는 너른 요동 벌판에서 장대한 자연과 조우하였을 때 기존 인습적 기준이 사라지고 좁은 시야에서 벗어나 갑작스럽게 느껴지는 외경심, 경이로움, 그리고 기쁘고 통쾌한 마음의 경험을 박지원은 막 탄생한 생명, 아기의 한바탕 울음이 내뿜는 강렬한 에너지로 표현하고 있는 것이다.

「일야구도하기」의 장소적 경계성은 "나는 이제야 도를 알았도다"(박지원, 2016: 401)라는 깨달음을 낳지만, 그 득도의 경지는 「호곡장론」의 상황과는 결이 다르다. 밤중에 물을 건너는지라 위험은 오로지 귀가 무서워 걱정을 이기지 못하는 데 있겠으나, 박지원은 "귀와 눈만을 믿는 자는 보고 듣는 것이 더욱 밝혀져서 병이 되는 것"(박지원, 2016: 401)임을 피력한다. 그래서 자신은 "한 번 떨어지면 강이나 물로 땅을 삼고, 물로 옷을 삼으며, 물로 몸을 삼고"의 행동을 통해 "귓속에 강물 소리가 없어"지는 경지를 추구하게 되었음을 강조하고 있다(박지원, 2016: 401). 「호곡장론」의 가시적 들판의 광막함이 비가시적 무한함의 매개체를 상징하였다면, 「일야구도하기」의 청각적 강물 소리의 광막한 울음은 도를 해하고 인간의 본질을 방해하는 유해한 난관을 상징한다. 나를 흔드는 장애물인 것이다. 이 때문에 여기서 물소리의 물질적 감각은 「호곡장론」의 시각적 감각과 달리 오히려 제거되어야 할 것으로서 물소리가 환기하는 지각적 소요에서 벗어날 수 있을 때 내면적 성숙을 꾀할 수 있음을 박지원은 주장하고 있다.

'열하'의 장소적 경계성은 만물을 바라보는 데에 좀 더 열린 시각을 가져야 한다는 「상기」의 결론에 힘을 보태는 상징이 아닐까 한다. 열하는 황제들의 휴양지이기도 하지만 황제들의 전쟁터이기도 하다. 도락으로 인한 삶의 극치와 전쟁으로 인해 겪을 죽음의 극치가 공존하는 곳이 열하이다. 내 머리 위 천장에 매달린 칼날이 언제가 권력자에게 떨어질지도 모르는 곳이 '열하'라는 곳의 장소적 정체성이다. 이러한 열하의 이중성이 상징하는 바가 "이 코끼리 같은 형상을 보고 만물이 변화하는 이치를 연구하게 하려는"(박지원, 2016: 409) 「상기」의 결론을 박지원이 추론하는 데 한 배경으로서 작용하지 않았을까?

학습자는 맵 시점으로 박지원의 전체 여정의 경로를 그려 보게 된다. 원거리 지도 제작을 통해 추상적이지만 『열하일기』의 여정 속 지리적 분포와 장소 간의 상호 관계를 일종의 그래픽 에세이처럼 재현할 수 있다. 그래서 장소들의 상관관계가 형성하는 패턴에 의해 『열하일기』의 공간적 맥락을 학습하게 된다. 이 원거리 지도의 그래프를 통해 박지원이 거쳐 갔던 장소들의 물질성과 그로 말미암은 상징성이 어떻게 해서 경계론적 장소성을 형성했으며, 거기서 느껴지는 장소감을 박지원이 글쓰기를 통해 어떠한 방식으로 형상화했는지를 학습자는 확인할 수 있다.

물론 앞서 거론했듯이 『열하일기』 속 단편 하나하나의 주제에 대해 면밀히 탐색할 수는 없다. 그럼에도 장소성의 공통점과 차이점, 비교와 대조의 연관관계를 조망하는 원거리 지도 그리기를 통해 학습자는 열하에 이르기까지 장소들의 전체적 연결 관계에 대한 좀 더 날카로운 감각을 획득하게 된다. 지리적으로 새로운 장소 패턴을 추론할 수 있는 이러한 원거리 지도 그리기의 학습 과정은 기존 작품 해석에서는 보이지 않던 것을 보이게 하는 결과를 생산할 수도 있다. 이를테면 「일야구도하기」에 박지원의 묘사 중 다수를 차지하는 것은 요하의 울음소리지만 구글어스를 통해 고북구에서 열하로 가는 여정을 지도의 그래프로 실제 그려 보면 요하는 찾아볼 수 없다.

조하를 배경으로 쓰였는데 정작 「일야구도하기」에 요하가 서술의 많은 비중을 차지한 점은 무엇 때문일까? 이를 두고 요하가 언급되었으나 실제로는 조하가 나타나는 이유는, 추정컨대 그 당시에 통용되던 명칭이었거나 기억의 오류나 오기일 수도 있다는 점을 학습자들은 토론할 수 있을 것이다.

원거리 지도 그리기를 통해 『열하일기』에 대한 원거리 읽기가 가능하고, 이는 기존 해석적 독해에서 보이지 않던 것을 보이게 하면서 학습자는 『열하일기』에 대한 또 다른 해석을 시도할 수 있다. 이는 『열하일기』가 재현하려 했던 세계에 대한 학습자의 이해를 심화시킬 것이다.

앞에서도 말했듯이 박지원이 열하에 도달하기까지의 여정을 구글어스로 시각화하는 과정에서 학습자가 반드시 이를 기존 지도 만들 듯이 규격화되고 표준화된 지도로 만들 필요는 없다. 심층적 지도 그리기도 가능하다. 사용자의 의도대로 사진, 스케치 맵, 텍스트, 오디오 등 다양한 미디어들을 지도에 혼합하여 사용자 자신만의 지도를 만드는 과정으로, 기존 지도의 지형지물의 양적 데이터에 사용자 자신의 관점이 담긴 질적 데이터를 결합한 지도 제작 양식이라 할 수 있다.[3]

구글어스에는 일반적 지도에서처럼 전지전능한 신과 같이 지형지물을 위에서 내려다보는 맵 시점이 있다. 반면 관련 장소에 직접 들어가 그 장소를 체험하는 듯한 지표면에서의 뷰 시점도 가능하다. 이러한 뷰 시점에는 종종 가상현실, 360도 파노라마 같은

---

3. 심층적 지도 그리기에 대해서는 T. Rossetto(2016)의 「Geovisuality: Literary Implications」 참조.

다양한 미디어들이 결합된다. 그 결과 학습자는 그곳에 거주한다는 느낌을 가질 수 있다.

〈그림 9〉 영원성과 산해관
(왼쪽: 가상현실, 오른쪽: 360도 파노라마 사진)

https://m.blog.naver.com/PostView.naver?blogId=yeats126&logNo=223011534372&proxyReferer=

큐알 코드를 확인하면 〈그림 9〉 '영원성과 산해관(왼쪽: 가상현실, 오른쪽: 360도 파노라마 사진)'을 볼 수 있는데, 왼쪽은 박지원이 영원성에 들러 명청 교체기 구세력이었던 조가 집안의 몰락을 회고하면서 봤던 '조가 패루'를 구글어스 뷰 시점에서 가상현실로 재현한 것이다. 오른쪽은 이어서 들른 '산해관'을 구글어스 뷰 시점에서 360도 파노라마 이미지로 재현한 것이다. 이러한 장치들을 통해 학습자는 박지원이 방문했던 장소들을 실제 체험한다는 느낌을 가질 수 있다. 몰입적이면서도 현상학적인 추체험을 구글어스상의 지도에서 간접경험할 수 있는 것이다.

구글어스에서 재현한 『열하일기』는 전통적인 추상적 지도와 달리 체현된 신체적 감각을 낳는 대안적 지도가 된다. '조가 패루'에서 느껴지는 격세지감이나 '산해관'에서 지각되는 장구함 등 박지원이 체험했을 감정과 감각들을 이상의 현상학적 체험을 통해 학습자는 간접 체험할 수 있게 된다. 간접체험을 하면서 학습자는 보다 더 『열하일기』의 장소 체험에 '참여'하게 된다.

요동 벌판으로 나아갔을 때 박지원이 느꼈을 통쾌함의 감정, 조하의 물결을 통해 박지원이 감지했던 심신의 동요와 평정, 그리고 모호한 위상의 피서 산장으로 인해 박지원이 인지했을 사물의 가변성에 대한 감각 등을 학습자는 뷰 시점의 다양한 미디어를 통해 좀 더 구체적으로 추체험할 수 있다. 그래서 박지원의 여정을 곧 자신의 여정처럼 받아들이고 『열하일기』의 장소들을 경험할 수 있게 된다.

이러한 사용자 중심의 몰입적이면서도 경험적인 지리 시각화 장치는 『열하일기』의 장소에 대한 성찰과 재정의도 촉발한다.

〈그림 10〉 구글어스의 이미지 오버레이와 다각형 기능을 활용한 '봉황성 책문 후시' 설명(왼쪽)과 '야출고북구기' 게시판(오른쪽)

https://m.blog.naver.com/PostView.naver?blogId=yeats126&logNo=223011535249&proxyReferer=

큐알 코드를 확인하면 〈그림 10〉 '구글어스의 이미지 오버레이와 다각형 기능을 활용한 '봉황성 책문 후시' 설명(왼쪽)과 '야출고북구기' 게시판(오른쪽)'을 볼 수 있다. 〈그림 10〉의 왼편은 봉황성 책문에서 어떤 일이 이루어졌는지 설명하기 위해 구글어스의 '이미지 오버레이' 기능을 사용한 결과이다. 책문 후시에 대한 설명적 진술을 인터넷에서 이미지로 찾아 지도에 덧입혔다. 오른편은 박지원이 고북구로부터 열하로 출발하려 할 때 어떤 심정이었을까를 학습자가 질문으로 던져 보는 게시판이다. 구글어스의 '다각형 기능'을 활용해 랜드마크처럼 게시판을 비석으로 만들어 보았다. 이외에도 유튜브나 다른 동영상도 학습자의 선택에 따라 지도 제작 과정에서 삽입할 수 있다.

이상과 같이 뷰 시점 가상현실, 360도 파노라마, 그리고 이미지 오버레이나 다각형 기능을 활용해 학습자의 주관과 심리가 반영된 『열하일기』의 지도 제작이 가능하다. 객관성과 권위, 재현의 법칙에서 벗어난, 보다 질적인 지도 제작이 수용자에 의해 가능해지는 것이다. 전통적인 근대 지도는 수량화된 측정치를 통해 획일적인 격자 속에 위계화된 장소 간의 관계를 지도화하려 했다. 반면 구글어스를 통한 지도 제작은 사용자 중심의 좀 더 다양한 의도와 의미를 담을 수 있다. 박지원의 여정을 지도화하더라도 그 지도 제작에 얼마든지 학습자의 심리 지리지가 반영된 보다 심층적인 지도 제작이 이루어질 수 있다. 그러한 지도는 『열하일기』의 장소에 현상학적으로 거주하면서 열하에 이르는 지도를 읽을 뿐만 아니라 다시 쓸 수 있는 기회를 학습자에게 제공한다.

원거리 지도 제작을 통해 학습자는 박지원이 여행했던 장소들의 패턴에 대해 초월적으로 사색하고 사신 일행이 걸어갔던 여정의 맥락을 보다 전체적으로 파악할 수 있다. 반면 심층적 지도 제작을 통해 학습자는 박지원이 여행했던 장소들을 좀 더 생동감 있게 경험할 수 있고, 더불어 다양한 미디어와 미디어적 장치들을 활용해 그 장소들을 성찰하고 재정의할 수 있다.

원거리 지도 제작과 심층적 지도 제작 과정은 학습자의 '박지원 되기'라는 연행적(performative) 효과를 촉진할 수 있다. 그 교육적 효과는 무엇일까?

첫째, 학습자의 '박지원 되기'가 성취된다면, 『열하일기』 같은 고전문학 작품에 대한 현대 독자의 거리감이 좁혀져 흥미로운 수업이 진행될 수 있을 것이다. 구글어스라는 에듀테크를 가지고서 『열하일기』의 장소에 대한 학습자의 상상적 이해가 촉진될 수 있으리라 기대된다.

둘째, 학습자가 '박지원 되기'를 통해 박지원이 갔던 길을 복원해 보고, 여정상의 장소들에 머물러 보며, 더 나아가 그 장소성을 재구성하고 성찰해 봄으로써 학습자는 비판적·창조적 지도 제작자가 될 수 있다. 그 결과 모든 지도가 잠정적이며 불완전함을 인정하게 되어 우리가 사는 장소에 대한 우리의 지식이 얼마나 과정

중에 있는 것인가를 학습자는 이해하게 된다.

　이렇게 완성된 것이 아닌 절차적 과정으로서 지도 제작을 받아들일 때 학습자는 『열하일기』의 저자 '박지원 되기'를 실천하면서도 박지원과는 또 다른 여정의 주인공, 여행자가 될 수 있다. 이 새로운 여행자 되기는 순환적으로 새로운 지도 제작과 아울러 『열하일기』와는 또 다른 새로운 여행에 대한 글쓰기를 학습자에게 촉발할 것이다.

　문학과 지리의 융합교육은 이처럼 학생들에게는 공간적 사고, 비판적 분석, 상상력적 이해 등 폭넓은 역량 개발에 도움이 될 수 있는 학습에 대한 소중한 접근법이 될 것이다. 또한 학생들이 학습 과정에서 적극적인 역할을 하고 그들 자신의 교육 여정에서 주인공이 되기 때문에 더 매력적이고 즐거운 학습이 될 수 있다.

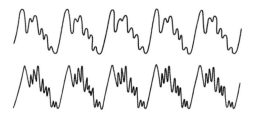

스토리텔링은 가르치고 배우는 과정에 매우 유용한 기법이다. 정보를 서술형으로 제시함으로써 학습자들은 그것을 자신의 경험과 연결하고 그것의 관련성을 더 잘 이해할 수 있다. 또한 스토리텔링은 비판적인 사고력을 발달시키는 데 도움을 줄 수 있다. 다양한 관점과 가능한 결과를 가진 서술을 제시함으로써 학습자들은 주제에 대해 더 깊고 비판적으로 생각하도록 장려된다. 스토리텔링은 다양한 맥락과 주제에서 사용될 수 있는 강력한 교육 및 학습 도구이다. 그것은 비판적 사고와 공감과 같은 중요한 기술을 개발할 뿐만 아니라 흥미, 참여, 이해를 증가시킬 수 있는 잠재력을 가지고 있다.

스토리텔링 기반 융합교육의 이해[1]

- 오윤선 -

1. 이 장은 오윤선(2015)의 「국어 교육 방법의 외연적 확장: 고전문학교육에서의 스토리텔링 활용 일고 찰—교과서 제재 학습활동 사례를 중심으로—」(『청람어문교육』 53)와 주현식·백성혜·오윤선(2020) 의 「창의융합 교육의 관점에서 본 문학 교과서의 문제와 대안-창의융합교육 제재로서의 드라마 〈대장 금〉」(『문화와 융합』 42-6)의 일부를 포함하여 재구성하였다.

융합과 스토리

융합교육에서 '융합'은 그동안 여러 연구자들에 의해 유형 분류가 이루어졌다. 선행 연구자들 중 로빈 포가티(Robin Fogarty)는 융합을 분절형, 연관형, 둥지형, 계열형, 공유형, 웹형, 실로펜형, 통합형, 몰입형, 네트워크형으로 나누고 있고(박채형·박한숙 외, 2014), 수전 드레이크(Susan M. Drake)는 다학문적 융합, 간학문적 융합, 초학문적 융합으로 분류하고 있다(박영무·허영식 외, 2009). 물론 어느 한 가지 유형이 반드시 다른 유형보다 우월한 것은 아니다. 융합의 과정보다는 융합을 통해 성취하려는 목표가 중요하기 때문이다.

포가티와 드레이크의 분류에서 몰입형, 네트워크형 혹은 초학문적 융합은 모두 학습자의 입장에서 이루어지고 있음에 주목할 필요가 있다. 학습자가 주체가 되어 문제를 찾아내고 이를 해결하는 과정에서 창의 융합형 인재가 만들어지는 것이다. 여기에서 우리는 융합교육의 내용보다는 그 교육 방법이 중요한 것임을 알 수 있으며, 융합교육의 주체가 교수자인가 학습자인가에 대해 고민해 볼 지점이다.

이 글에서 살펴보고자 하는 '스토리텔링'은 이야기를 전달하는 것으로, 이처럼 언어를 중심으로 한 교과 융합교육은 오래전부터 논의가 되어 왔는데(구본관·윤여탁 외, 2018), 언어가 학습의 도구로 융합교육에서 중심적 역할을 할 수 있기 때문이다. 특히 이 중에는 내러티브에 주목한 연구들도 있다. 내러티브는 제반의 지식과 경험을 인간 행위의 의도와 변화, 결과를 중심으로 융합한다는 장점이 있다(최인자, 2015).

융합적 사고(Convergence thinking)는 다양한 분야의 지식과 사고 도구를 활용하여 새로운 시각에서 문제를 발견하고, 지식과 기술을 넘나들며, 수용하고 응용하는 능력으로 연결과 통합성을 특징으로 한다. 체계적 사고의 장점은 있지만 그 대상이 주로 물리적 상태 그 자체에 대한 객관적 이해에 주력하기 때문에 인간의 삶과 관련된 폭넓은 이해를 하기 어렵다. 하지만 내러티브적 사고는 인간의 의도와 행위의 관점에서 사태를 바라본다. 대상 자체에 대한 이해에서 나아가 그 대상이 인간과 사회에서 갖는 의미를 찾고, 나아가 어떤 변화를 이끌어 낼 수 있을지를 중심에 둔다. 내러티브의 가장 큰 미덕은 전체적, 관계적, 구성적 면모이다(최인자, 2021: 136). 이러한 이유로 내러티브적 사고력으로 융합교육을 실천하고자 하는 시도는 계속 있어 왔고, 이는 여러 교과를 통합하는 차원을 넘어 융합 결과의 의미까지 탐구한다는 의의를 가진다. 여기서 스토리는 내러티브보다 상위의 개념이지만 보통 구별하지 않고 쓰고 있으며, 이 글에서는 스토리로 접근해서 융합교육과 접목시켜 보겠다.

스토리텔링과 교육

스토리텔링은 그동안 문화콘텐츠 분야에서 주목받아 왔지만, 최근에는 교육 분야에서도 그 활용 방안에 대한 모색이 활발하다. 멀티미디어 교육에 담을 콘텐츠를 개발하는 과정에서 스토리텔링이 활용되고, 실제 교실 안에서의 수업에서도 교과 구분 없이 다양한 활용이 모색되고 있다.

스토리텔링은 어떤 교과의 수업과도 결합하여 재미있는 수업을 만들 수 있다. 물론 재미도 있고 학습효과도 높인다. 최근 스토리텔링이 수학교육에 접목되어 시행되었고, 영어단어를 외우는 데도 스토리텔링 기법을 적용해서 많은 단어를 쉽게 외

실생활 맥락

이야기
질문자로서의 학생
연구자로서의 학생

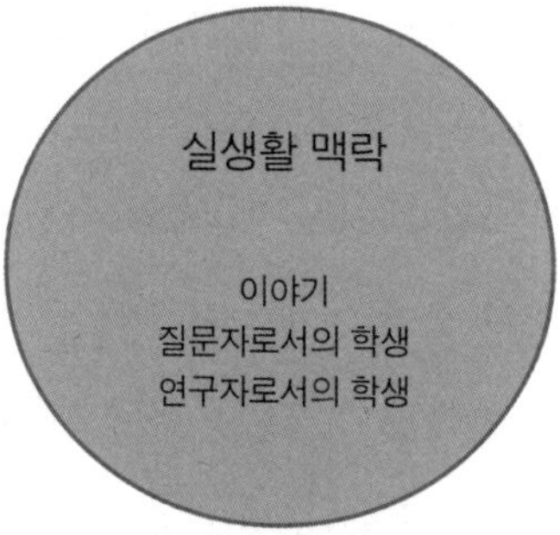

〈그림 1〉 초학문적 융합
(박영무·허영식 외, 2009)

우도록 하는 등 다양한 교과에서 활용되고 있다. 영어교육, 사회과교육뿐 아니라 가정·수학 등의 이과계 과목에도 스토리텔링이 활용되고 있는 것이다.

우리가 잘 알고 있는 교육과 스토리텔링이 접목된 성공사례 중의 하나는 『마법 천자문』과 『학습만화 WHY』이다(강현주·정현선, 2009).

교수·학습방법으로서의 스토리텔링 모델

스토리텔링이란?

스토리텔링의 정의는 학자에 따라 다르다. '스토리'는 이야기이고,

Story + telling

'텔링'은 이를 구현하는 과정이다. 이와 같이 이야기를 구현하는 과정을 포함해야 '스토리텔링'이라 이름 붙일 수 있다(박인기·이지영외, 2013: 27). 스토리가 있는 것이 이야기이다. 이렇게 보면, 스토리는 일종의 스토리텔링의 소재처럼 여겨진다. 그런데 실제 스토리텔링을 할 때 항상 스토리가 먼저 정해진 후 그것을 가지고 서술이 이루어진다고 하기는 어렵다. 대체로 스토리는 먼저 마련되어 있다기보다 스토리텔링 과정에서 점차 형성되는 것이다. 따라서 스토리텔링은 경험과 지식을 사건의 인과적 연쇄로 통합하여 인식하고 표현하는 활동, 즉 스토리 형성 활동이요, 스토리는 그 결과라고 바꾸어 말할 수도 있다(최시한, 2010: 424~429)

스토리는 사실과 허구를 모두 포함하고 있다. 우리가 흔히 세우는 '이야기(story)→서사(narrative)→허구(fiction)→소설(novel)'의 위계(김대행·우한용 외, 2000: 174)는 스토리가 사실과 허구를 모두 포함한다는 사실을 보여 준다. "여기 스토리의 개념에서는 추상적인 내용이나 논리적인 구조를 가진 말/글을 포함하지 않는

다. 따라서 스토리텔링에 대해서는 넓은 의미의 이야기 개념보다 좁은 의미의 이야기 개념으로 한정해서 이해할 필요가 있다. 결과적으로 지식이나 정보와 대비되는 좁은 의미의 이야기 개념이다."
(류수열·유지은 외, 2007: 19)

이렇게 보면, 스토리텔링은 매체를 통해 전달하는 이야기라 하는 것에 대해서는 누구도 이의가 없을 것이다. 하지만 여기서 매체를 어떻게 한정할 것인가라는 문제와 이야기의 범위는 어디까지인가라는 문제는 연구 분야에 따라 다르게 정의 내려진다.

매체라는 것은 그 범위가 무척 넓어서 음성 매체, 문자 매체, 디지털 매체 등 모든 것을 포괄한다. 최근 디지털 스토리텔링이 부각되면서 디지털 매체를 통해 이루어지는 스토리텔링만을 떠올리지만, 사실 우리 인간의 음성을 통해 이야기하는 것부터 글을 통해 읽히는 것 모두가 스토리텔링이다. 이야기를 매체를 통해 구현하는 과정까지 모두 포괄하는 것이 스토리텔링의 개념이다.

교육에서의 스토리텔링은 그 범위가 무척 넓다. 스토리텔링의 개념을 확장해서 정의하는 것은 교육에서 스토리텔링의 활용도를 높일 수 있게 하기 위함이라는데, 다음은 기존 연구에서 정리한 스토리텔링의 개념이다.

① 이야기를 쓰는 행위
② 이야기를 특정의 방식으로 읽는 행위
③ 이야기의 특정 요소를 살짝 바꾸는 행위

④ 어떤 이야기 내용(서사 콘텐츠)을 특정의 매체로 구체화하는 행위

⑤ 이야기를 변용하여 놀이 구조로 바꾸는 행위

⑥ 이야기를 연극으로 바꾸어 배우로 참여하는 행위

⑦ 명화를 보고 그 속에 내포된 어떤 이야기를 떠올려 보는 행위

(박인기·이지영 외, 2013: 28~33)

이와 같은 스토리텔링 활동은 학습자가 그 주체가 되었을 때 능동적인 태도로 문학 교육의 목표에 도달하도록 하는 데에 매우 유용하다. 작품을 이해하는 단계나 작품의 가치를 내면화하는 단계, 작품을 생산하는 단계 모두 스토리텔링이 효율적으로 활용될 수 있음을 예상할 수 있다. 하지만 스토리텔링 활용 수업의 효과는 학생들의 흥미를 유발하는 데에 그쳐서는 안 되며, 수업의 목표에 도달하는 데 있어 스토리텔링이 얼마나 유용했는지, 학생들의 주도적인 학습 참여에 도움이 되었는지 살펴야 한다.

스토리 형식을 통해 지식을 실재 맥락과 통합하여 재현하면 학생들의 이해도를 높일 수 있으므로, 수학이나 생물 등 학생들이 어려워하는 과목은 쉽게 이해할 수 있고, 지루해하는 과목이라면 흥미롭게 다가갈 수 있도록 할 것이다.

수업에서 스토리텔링의 주체

스토리텔링은 먼저 주체를 기준으로 하면 교수자 주체 스토리텔링과 학습자 주체 스토리텔링으로 구분해 볼 수 있다. 먼저 교수자가 주체가 되는 경우는 수업 전체를 스토리텔링의 과정으로 구안하는 경우와 수업의 내용 중에서 어렵거나 지루한 부분을 관련 이야기를 가져와 흥미롭게 만들거나, 추상적인 개념을 구체적인 사례에 빗대어서 설명하는 경우가 있다.

수업 전체를 스토리텔링의 과정으로 구안한 경우(이지영, 2012)는 교사가 수업 전체를 한 편의 이야기로 구성해서 전해 주는 것으로, 이는 학생들의 흥미와 몰입도를 높일 수 있다. "수업의 물리적 조건, 이를테면 50분 동안에 일정한 교실 공간에서 특정의 지식, 기능, 태도 등의 교육 내용을 다양한 교수 방법으로 소통시키는, 이 수업의 과정 자체가 하나의 스토리텔링 과정이라는 점을 받아들이게 되면, 지금까지 공학적 모형 체계로만 수업을 설명하고 설계해 왔던 수업 기술에 의미 있는 패러다임 변화를 구축할 수 있다."(박인기, 2011: 415)

또한 수업 내용과 관련된 스토리를 활용하는 방법으로는, 예를 들어 수학이나 과학에서 중요 개념을 이야기로 풀어서 설명하는 경우가 있다. 특히 수학의 경우 이와 같은 이유로, 수학을 잘하기 위해 문해력이 중요하다는 말이 나올 정도이다. "수학 공식을 노래로 하는 수학 송도 가능하고, 수학적 전략을 써서 게임하

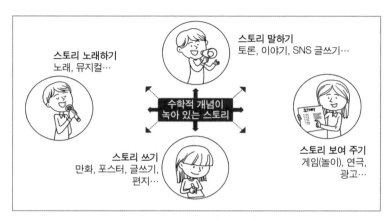

<그림 2> 스토리텔링 수학 수업의 형태

는 방법, 수학사를 가지고 재구성한 연극, 수학 원리로 사건을 해결하는 수사 드라마 등 다양한 형식이 가능하다."(박만구·조가현, 2013) 스토리텔링을 통해 추상적인 내용을 구체화해서 학생들의 이해도를 높일 수 있는 것이다.

한편 학습자가 스토리텔링의 주체인 경우도 이전부터 우리가 활용해 왔던 교수·학습 방법으로, 학습자가 자기 자신의 이야기를 하는 경우와 수업 내용을 이해한 것을 이야기로 쓰는 경우로 나눠 볼 수 있다. 국어과 수업의 경우 읽기 전에 작품에 대한 관심을 유도하거나 읽기 후 작품에 대한 학습을 위해 활용되고 있는데, 예를 들어 문학 작품을 읽기 전에 비슷한 경험을 떠올리게 한다든가, 작품을 읽고 감상문을 쓰거나 작품과 같은 갈래의 창작물을 써 보는 것과 같다.

스토리텔링 기반 융합 교수·학습 방법 구안하기

스토리텔링은 스토리라는 형식을 통하여 논리적·과학적으로 일반화된 지식을 그 지식이 유용하게 사용되는 실재 맥락과 통합하여 재현함으로써 그의 이해와 적용을 확장할 수 있다. 더욱이 일반화된 지식만으로는 그리 쉽게 변화되지 않는 인간의 어떤 측면을 바꾸고, 새로운 관점과 의식의 세계로 개인을 변형시킬 수도 있다. 특히 "스토리텔링은 개인의 경험을 개념화하고, 그것의 저장, 기억, 적용을 포함하는 지성을 자극함과 동시에 관심, 느낌, 공감을 포함하는 감성을 일깨운다"(Herman, 2003; 허희옥, 2006 재인용).

스토리텔링을 활용한 교수·학습 방법은 다양하다. 교육 내용과 연관된 이야기를 가져와 활용하는 단순한 차용부터 게임의 스토리 활용, 디지털 교과서에 구현된 스토리텔링의 활용 등 무궁무진하다.

  ○ 교육 내용과 연관된 이야기를 가져와 활용하기
  ○ 기존의 이야기를 교육 내용에 맞게 살짝 바꾸기(패러디하기)
  ○ 수업 내용을 하나의 이야기로 만들기
  ○ 디지털 스토리텔링이 적용된 디지털 교과서 활용하기
  ○ 디지털 스토리텔링이 적용된 게임 활용하기

앞에서 보았듯이 스토리텔링을 위해서는 기존의 스토리를 가져올 수도, 새로 스토리를 만들 수도 있다. 스토리를 활용한 교육방안의 순서는 대략 다음과 같다.

① 스토리 구성 과정: 학습 주제 선택-스토리 작성을 위한 소재 및 배경 정보 선정-주요 사건 설정-캐릭터 설정 및 성격 묘사-플롯 구성-대사, 자막 및 내레이션 개발

② 스토리를 포함한 전체 학습 과정: 스토리에 대한 예비 정보 제공-스토리 제공-스토리 내용 요약 정리-스토리를 직접 만드는 기회 제공-내용 이해 및 학습 진행을 지원하는 정보 제공(허희옥, 2006: 205)

03 융합수업에 적용하는 스토리텔링 모델

교수자 주체의 스토리텔링 융합 수업

교수자가 주체가 되는 경우, 수업 설계 단계에서 스토리텔링의 활용을 고민한다. 수업 전체를 하나의 스토리로 구성하거나, 교수 내용 지식을 스토리에 녹아들게 만들어서 준비한다. 이때 스토리는 기존에 있는 것을 활용하거나 적절하게 리텔링하게 되는데, 수업 내용과 스토리의 연관성이 떨어진다면 기대하는 수업의 효과를 얻을 수 없을 것이다.

하나의 스토리로 구안된 수업

수업 전체를 하나의 스토리로 만든다는 것은 사실 쉬운 작업이 아
니다. 또 이것이 항상 수업에 있어서 효율을 높인다는 보장도 없
다. 이는 보통 초등학교 수업에서 유용하게 쓰이는데, 다음은 초
등학생을 대상으로 한 지리 수업의 사례다.

'꽃보다 청춘, 꼬마 외교관의 교실 속 세계 여행'이라는 제목의
이 프로그램은 총 12차시로, 총 5개의 테마(테마당 2차시 블록 타
임 수업)로 구성되어 있다. 차시 구성과 주요 활동 및 관련 교육과
정은 〈표 1〉과 같다(조혜민, 2021). 초등학교 6학년들에게 세계지
리를 수업하는 것으로, 세계 많은 나라에 대한 학습이 학습자에게
거리감을 가져올 수도 있는 수업 내용이다. 따라서 꼬마 외교관을
설정하고, 외교관으로서 알아야 할 지식을 어린이의 시각에서 습
득해 나가는 스토리를 만들었다. 이를 실제 수업에 적용한 결과

〈표 1〉 스토리텔링 기반 융합지리 교육 프로그램 주요 활동(조혜민, 2021: 39-40)

모형 단계	차시 구성	주요 활동	관련 성취기준
Study (연구하기) ▼	1~2차시: 꼬마 외교관의 고민	○꼬마 외교관의 고민 듣기 -스토리텔링의 문제 파악하기 (〈차이나는 클라스〉 123화 활용)	[6사07-01] 세계지도, 지구본을 비롯한 다양한 형태의 공간 자료에 대한 기초적인 내용과 활용 방법을 알고, 이를 실제 생활에 활용한다.
Think up (고민하기) ▼		○꼬리 물기 질문 나누기 -'왜', '만약', '어떻게'를 활용하여 스토리텔링 문제에 관한 꼬리 물기 질문 만들기 -만든 질문을 활용하여 학습 문제 및 학습 활동 파악하기	

모형 단계	차시 구성	주요 활동	관련 성취기준
Acquire (성취하기) ▼	3~6차시: 꼬마 외교관의 고민 해결 1	○문제해결 1: 세계지도 여행책 만들기 -크라잉넛의 '룩셈부르크' 노래 가사 맞히기 -세계지도 여행책의 표지 꾸미기 -세계지도, 지구본, 구글어스를 활용해 대륙별 나라의 종류, 위치, 국기, 수도 등 조사하기 -대륙별 나라의 지도를 세계지도 여행책에 표현하기	[6사07-01] 세계지도, 지구본을 비롯한 다양한 형태의 공간 자료에 대한 기초적인 내용과 활용 방법을 알고, 이를 실제 생활에 활용한다. [6국01-05] 매체 자료를 활용하여 내용을 효과적으로 발표한다.
	7~10차시: 꼬마 외교관의 고민 해결 2	○문제해결 2: 세계 여행 상품 개발하기 -세계 여러 나라 중 여행하고 싶은 나라 선정하기 -조사한 나라의 주요 관광지, 생활 모습 등을 소개하는 여행 상품 계획하기 -여행 책자, 홍보 자료 제작하기	[6사07-01] 세계지도, 지구본을 비롯한 다양한 형태의 공간 자료에 대한 기초적인 내용과 활용 방법을 알고, 이를 실제 생활에 활용한다. [6국01-05] 매체 자료를 활용하여 내용을 효과적으로 발표한다. [6실04-08] 절차적 사고에 의한 문제해결의 순서를 생각하고 적용한다.
Report (함께 나누기)	11~12차시: 꼬마 외교관의 세계 여행 박람회	○세계 여행 박람회 개최하기 -클래스팅에 조사 결과 탑재하기 -세계 여행 박람회 개최하기 -여행 국가에 대한 질의 응답하기 -발표 태도 및 결과에 대한 신호등 평가하기 ○문화·여행과 관련된 직업 탐색하기 -여행 콘텐츠 개발자 면담하기 (원격 영상 진로 멘토링 활용)	[6사07-01] 세계지도, 지구본을 비롯한 다양한 형태의 공간 자료에 대한 기초적인 내용과 활용 방법을 알고, 이를 실제 생활에 활용한다. [6국01-05] 매체 자료를 활용하여 내용을 효과적으로 발표한다. [6실04-08] 절차적 사고에 의한 문제해결의 순서를 생각하고 적용한다.

학생들의 인성교육에도 도움이 되었다는 평가를 받았다.

수업 내용 관련 스토리의 활용

다음은 교수·학습 내용과 관련된 이야기를 가져온 수업 방안이
다. 최북은 산수화를 주로 그렸던 조선 후기의 괴짜 화가였다. 도

화서 소속의 화원이 아
니라서 관에 얽매이지
않고 자유롭게 예술 활
동을 추구했는데, 다음
일화는 예술에 대한 그
의 태도를 잘 보여 주
고 있다.

〈그림 3〉 최북의 〈표훈사도〉

'어떤 사람이 산수화를 그려 줄 것을 청했는데, 최북은 산만 그리고 물
은 그리지 아니했다. 그 사람이 괴이하게 여겨 물었다. 최북은 붓을 던
지고 일어나면서 말하기를, "아, 종이 밖은 모두 물 아니겠소"라고 하
였다. 그림이 잘되었는데도 그림값이 적으면 최북은 갑자기 화를 내어
욕을 하며 그 그림을 찢어 버렸다. 반대로 그림이 잘된 게 아닌데도 그
림값을 많이 주면 깔깔거리고 웃으며 주먹질을 하다가 그 사람이 그림
을 지고 문을 나서면 다시 손가락질을 하며 비웃기를, "저놈, 그림값도
모르네"라고 하였다. 한 귀인이 최북에게 그림을 요구했지만, 뜻을 이
루지 못했다. 이에 최북을 협박했다. 그러자 최북은 분노하여, "사람
이 나를 저버리는 것이 아니라 내 눈이 나를 저버린다"고 말하고는 칼
로 한쪽 눈을 찔러 애꾸가 되고 말았다. 늙어서는 한쪽에만 안경을 썼

〈그림 4〉 최북 자화상　　　　　　〈그림 5〉 고흐 자화상

다.(박희병, 1993: 113~114)

　　한국의 고흐라고도 불리는 그의 별명의 기원을 알 수 있는 일화
이다. 작가와 관련된 이야기를 듣고 나서 그림을 다시 감상한다
면, 예술가로서의 자존감이 높았던 천재 예술가의 고뇌가 느껴질
것이다.

학습자 주체의 스토리텔링

학습자가 주체가 되는 경우는 자신의 이야기를 하는 경우와, 학습 내용을 내면화하기 위해 스토리텔링을 하는 경우로 나뉠 수 있다.

다음은 2015 개정 교육과정에 따른 국어과 문학 교과서에서의 융합교육이다. 10종의 문학 교과서 중에서 가장 적극적으로 융합 활동을 제시하고 있는 사례인데, 학습활동마다 어느 교과들끼리의 융합인지도 표시하였다.

〈표 2〉 교과서의 창의융합 활동 (한철우·박호영 외, 2019)

학습활동	융합 영역 표시
나를 소개하는 노래 부르기	문학+음악
「메밀꽃 필 무렵」 다시 보기	문학+통합과학
「춘향전」을 소개하는 여행 기획하기	문학+통합사회+영어
「동동」에 나타난 세시 명절 속 한식 만들기	문학+기술+가정
문학 행사 포스터 그리기	문학+미술

이 중에서 '「춘향전」을 소개하는 여행 기획하기'를 살펴본다.

① 소설 「춘향전」의 공간 배경은 '전라북도 남원'이다. 해당 지역의 지리적 특성을 찾아보자.

② 소설 「춘향전」을 소개하는 여행을 기획하기 위해 필요한 정보를 찾

아보자.

- 「춘향전」과 관련한 남원의 관광 명소나 지역 축제를 찾고, 어떤 활동을 할 수 있는지 정리해 보자.
- 해당 지역의 특별한 먹을거리나 여행 기념품을 찾아보자.

③ 2의 활동을 바탕으로 여행 일정을 정리하고, 간단한 약도를 만들어 보자.

④ 지금까지 기획한 여행을 외국인에게 알릴 수 있도록 짧은 편지글이나 광고문을 영어로 써 보자. 그리고 ③의 내용을 첨부하여 누리 소통망(SNS)에 게시해 보자(한철우·박호영 외, 2019: 166-167).

드레이크의 분류법을 참조한다면 이 활동은 다학문적 융합으로 분류할 수 있겠다. 남원을 영어로 소개하는 기획으로, 문학과 지리, 사회, 영어라는 교과들이 통합된 것이 파악된다. 분류에 있어서 평가도 기준이 될 수 있는데, "평가에서 교과의 개념과 기능을 유지"(유제순·장인한, 2012: 81)할 수 있다는 점에서 다학문적 접근의 교수학습 방법이라고 판단된다. 여기서 학습자는 여행을 기획하고 다양한 글을 쓰게 된다.

다음은 단순히 작품을 읽고 이해한 뒤 다시 쓰기를 하는 활동인데, 「박흥보전」을 읽고 현대판 이야기를 구상하고 있다.

다음 '조건'을 고려하여 현대의 「박흥보전」의 줄거리를 구상해 보자.

<조건>
• 시간적·공간적 배경을 현대로 바꿀 것.
• '도승'을 현대적 존재로 바꿀 것.

(김종철·이명찬 외, 2014a: 260)

예시 답: 부모가 남긴 재산을 모두 독차지한 놀보는 굴지의 기업을 운영하며 겉으로는 사회적 약자를 돕는 선한 기업가 행세를 한다. 형에게 재산을 모두 빼앗긴 흥보는 집안 식구들을 데리고 나와 공원에서 노숙을 하는 처지로 전락한다. 식구들을 먹여 살리기 위해 흥보는 새벽 인력 시장에 나가 여러 가지 일을 해 보지만 돈은 모이지 않고 몸만 상하게 된다.

어느 날 인력 시장에서 만나 안면을 익힌 한 남자가 흥보에게 돈을 벌 수 있는 방법이라며 사업에 투자할 것을 제안한다. 유혹에 넘어간 흥보는 희망에 부풀어 사업에 투자하지만 사기를 당하고 그나마 가진 돈도 모두 잃게 된다. 충격에 쓰러진 흥보는 병원에 입원한다.

이렇게 된 모든 원인이 애초에 부모의 유산을 모두 가로챈 놀보에게 있다고 생각한 흥보의 아내는 전후의 사정을 인터넷 게시판에 올려 사람들에게 호소하게 되고, 흥보 일가의 사정은 인터넷을 통해 급속도로 퍼지게 된다. 인터넷 게시판을 중심으로 흥보의 억울한 사연과 형 놀보의 악행이 소개되면서 놀보를 성토하는 여론이 커지고, 무료 법률 자문을 자처하는 변호사의 도움으로 흥보는 부모의 재산 일부를 증여받을 수 있게 된다. 그리고 위선이 탄로 난 놀보의 회사는 위기에 처하고 만다 (김종철·이명찬 외, 2014b: 304).

예시에서 '도승'의 존재는 네티즌의 여론이 된다는 것으로 읽히며, 그 외의 이야기는 배경만 바꿨지 여전히 옛이야기와 똑같다. 사기를 당하는 흥보, 책임을 모두 놀보에게만 돌리는 흥보의 아내는 오히려 더 무력한 모습이다. 교과서에서 기존 제재를 재구성·창작하는 활동은 기존 작품을 패러디하는 경우가 대부분이지만, 위의 경우는 모방적 패러디에 그치고 비판적 패러디로까지 나아간 수준이 아님을 알 수 있다.

오늘날의 관점에서 과거의 작품을 새롭게 수용하자고 했는데, 학생들은 새로운 의견을 떠올리기 어려울 듯하다. 이는 물론 「흥부전」이라는 작품의 특성이기도 하다. 선과 악의 구도가 분명한 작품에서 주인공 선인과 악인을 대상으로 하는 창작 활동은 폭이 좁을 수밖에 없다. 따라서 인물의 측면에서 주인공 이외의 주변 인물들을 고민해 보도록 한다든지, 사건에 있어 제비의 도움이라는 복권과도 같은 조력이 아닌 노력에 의한 성취를 이룰 수 있도록 하는 방향으로 유도하여야 할 것이다. 이는 비판적 패러디까지 나아가고자 했으나, 적절한 단계를 거치지 못한 활동임을 알 수 있다.

이와 같이 다시 쓰거나 이야기하는 활동을 통해 학습자는 작품을 수용하고, 사고하고, 생산하는 과정을 거쳐야 한다. 이때 사고하는 단계는 매우 중요하다. 작품을 단순히 형식만 맞춰서 다시 쓰는 것은 재미를 위한 글쓰기가 될 뿐이다.

04 융합교육에서 스토리텔링 활용 방향

현대는 디지털 매체가 주도하고 있기 때문에 우리는 스토리텔링이라는 용어를 보통 '디지털 스토리텔링'으로 받아들인다. 여기서는 한국 고전문학의 제재를 소재로 디지털 스토리텔링에 대해 간략히 이야기해 보겠다.

앞에서 스토리텔링이란 음성을 매체로 한 것도 포함된다고 했다. 따라서 그 기원은 원시시대의 제의까지도 거슬러 올라간다(류수열·유지은 외 2007: 25; 조정래, 2010: 27~30). 이때 제사의식은 노래와 춤 등 모든 예술 활동을 포함한 것이었으며, 제의 중에 하는 이야기는 스토리텔링의 원조라고 할 수 있다. 이러한 구비전승의 시대를 거쳐 문자를 통해 전달하는 시대, 그리고 다매체를 활용하는 현대에 이르기까지 스토리텔링의 맥은 계속 이어져 왔다.

디지털 미디어는 '멀티미디어, 하이퍼텍스트성, 상호작용성, 네트워크성'이라는 특징을 가지고 있다(윤여탁·최미숙 외, 2008: 94~95). 고전문학 중에서 고전시가, 설화는 노래하거나 이야기되었었던 갈래다. 또한 판소리나 가면극은 공연하던 갈래다. 우리가 교과서에서 읽거나 학습하는 것은 그저 대본일 뿐이며, 충분한 갈래 교육은 실제 연행되거나 구연되는 현장을 통해서만 이루어질 수 있다. 멀티미디어의 속성은 이와 같은 판소리나 가면극 등의 연행문학을 수용하는 단계에서 활용될 수 있을 것이다. 따라서 멀티미디어의 활용이 오히려 고전문학 본래의 속성을 살려 교육하는 셈이다.

그리고 하이퍼텍스트는, 작품의 시작과 끝이 정해져 있어 이를 선형적으로 읽어 나가는 문자 텍스트와 달리 읽는 이가 각자 나름의 줄거리를 만들어 갈 수 있다(류수열·유지은 외, 2007: 291~292). 이는 판소리가 창자에 따라 에피소드를 빼고 넣고 했던 전승 방식이나, 설화가 화자에 따라 이야기의 넣고 뺌이 있었던 구연 방식과 매우 흡사하다.

또한 상호작용성과 네트워크성은 고전문학의 전승 양상과 생산의 원리를 이해하는 데 쓰일 수 있을 것이다. 구비전승 되던 설화의 경우에는 전승되면서 전승자의 개작이 수용되는 양상을 보인다. 고전소설 또한 마찬가지다.

고전소설을 읽기 위해 필사하던 필사자는 자신의 의도대로 개작을 가하면서 옮기는 경우가 많아 수용자가 생산자의 역할도 하는 양상이 흔하게 나타났다. 이는 현재 작가들이 인터넷 공간에서 기존의 텍스트를 이어 쓰거나 혹은 독자 의견을 반영하여 써 나가는 활동들과 비슷한 속성을 가지고 있다. 자신의 의견을 반

〈그림 6〉 디지털 교과서 「토끼전」

영해 수정해 가면서 필사했던 고전
소설의 작법이 현대 디지털 매체에
서 가능하게 된 것은 적극적인 수용
자들의 속성과 비슷하기 때문이다.

〈그림 6〉은 「토끼전」을 제재로 개
발한 디지털 교과서의 학습 활동의
일부이다(한국교원대학교 교육연구
원, 2012: 8~18). 여러 학습 활동 중
에서 가장 중점을 둔 부분은 SNS(카
카오 아지트)를 활용한 교수-학습이
다. '카카오 아지트'가 지금은 없어졌기 때문에 대신 '구글 클래스
룸(https://classroom.google.com)' 등이 활용 가능하다.

게시판 글쓰기 기능, 덧글 기능, 사진 업로드 기능 등의 높은 접
근성과 편리성은 학습자들로 하여금 기존의 이해 활동에만 편중
되었던 언어 활동을 표현 활동의 강화로 크게 기여한다는 점에서
의의가 있었다. 그리고 무엇보다도 공동으로 고전소설 창작을 체
험할 수 있다는 점이 큰 효과였다.

이외에도 교과서에 수용된 제재 부분에 대한 실제 판소리 공연
을 간편하게 클릭 한 번으로 감상할 수 있는데, 이러한 활동들은
앞에서 이야기했던 멀티미디어성, 하이퍼텍스트성, 상호작용성,
네트워크성을 모두 활용한 고전문학 제재 학습 방법이다. 따라서
고전문학 교육에서의 디지털 스토리텔링의 적절한 활용은 고전문

〈그림 7〉 카카오 아지트에서의 「토끼전」 이본 창작 활동

학 작품 자체의 속성을 가르치는 데에도 유용함을 알 수 있다.

결국 작품의 갈래를 제대로 이해하고 이를 담은 매체의 속성을 잘 파악한 뒤 스토리텔링 학습활동을 수행한다면, 고전문학 작품의 수용 단계에서나 생산 단계에서 높은 학습효과를 거둘 수 있음을 기대할 수 있다. 또한 학습자가 능동적으로 제재의 이해와 재구성에 참여함으로써, 다른 갈래보다 학습자와의 거리가 더 먼 고전문학을 친숙하게 만들 수 있는 효과도 거둘 수 있다.

이상에서 살펴보았듯이 스토리텔링은 모든 교과에 활용될 수 있는 교수·학습법이며, 이는 교수자와 학습자 모두 주체가 되어 화자 혹은 작가의 역할을 할 수 있다.

교수자가 주체가 되는 경우 학습자들의 흥미를 유발할 수 있으며, 학습자가 주체가 되는 경우 적극적으로 학습의 과정을 주도하여 그 효과를 높이는 결과를 얻을 수 있다. 물론 교육 내용을 실생활 맥락에서 학생들에게 전달하여 그 이해를 도울 수도 있고, 융합을 넘어서서 대상들이 가지는 의미까지도 고찰하게 하는 효용도 있다.

하지만 최근 스토리텔링 수학을 시도한 초등수학 교과서의 이야기를 대상으로 서사 구성 요소를 분석해 보니, 수학 교과서의 스토리텔링이 서사성의 함유 정도뿐만 아니라 수학적 요소의 함유량까지도 낮게 나타나, 학생들의 흥미를 끌기 위해서는 스토리와 담론에서 이야기의 역동성을 지닐 수 있도록 써야 한다는 연구가 있었다(한명숙·조영미, 2020). 이와 같은 연구에서도 볼 수 있듯이 스토리텔링을 활용할 경우 교수·학습 내용을 잘 녹인 좋은 스토리를 만드는 것이 중요한 선행조건임은 분명하다.

스토리텔링 융합교육은 가르치고 배우는 과정에서 다양한 효용을 지니는 교육방법이다. 예를 들어 정보를 서술형으로 제시함으로써 학습자들은 그것을 자신의 경험과 연결하고 그것의 관련성을 더 잘 이해할 수 있게 된다. 또한 스토리텔링은 학습자들을 감정적인 수준으로 끌어들이는 데 도움이 될 수 있다. 잘 짜여진 이야기는 학습자가 내용을 보다 효과적으로 기억할 수 있도록 돕는 감정적 반응을 불러일으키기 때문이다.

스토리텔링은 비판적인 사고력을 발달시키는 데에도 도움을 줄 수 있는데, 다양한 관점과 가능한 결과를 가진 서술을 제시함으로써 학습자들은 주제에 대해 더 깊고 비판적으로 생각할 수 있기 때문이다. 한편 스토리텔링은 학습자들의 흥미를 불러일으켜 주도적인 학습을 하도록 돕는 효용을 지닌다.

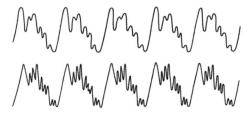

융합교육에서 학생들이 갖추어야 할 요소 중 하나로 과학적 소양을 강조하는 이유는, 학생들이 미래 사회에 적극적으로 참여하기 위해서는 과학적 탐구와 의사결정에 필요한 지식과 기술을 갖추는 것이 무엇보다 필요하기 때문이다. 과학 융합교육에서는 교사의 효율적인 지도가 중요한데, 이는 학습자들이 학습 과정에서 프로그램의 목표가 충족되도록 보장할 수 있기 때문이다. 전반적으로 과학 융합교육은 학습자의 능력 개발뿐 아니라 급변하는 사회에 대비하기 위한 촉매 역할을 할 수 있다.

6장

모델링 기반의
과학 융합교육 프로그램

- 김고경 -

교육현장에 '융합교육'이라는 새로운 바람이 불고 있다. 전문 지식이 확장되고는 있지만 학문 간 교류는 줄어서, 인간과 자연에 대한 종합적 이해력이 퇴보하고 있는 기존 학문 영역으로는 복잡성과 불확실성을 특징으로 하는 4차 산업혁명 시대의 문제들을 이해하는 데에 한계가 있기에 '융합교육'이 교육의 큰 방향으로 대두되는 것은 어쩌면 당연한 결과일지도 모르겠다.

이러한 현대사회의 문제들을 이해하고 '융합교육'을 필요로 하는 시대적 요구에 부응하기 위해 한국교원대학교에서는 2015년에 다양한 교과와 전공의 전임교수들이 모여 융합교육연구소를 신설하였고, 2016년에는 대학원 석사과정으로 융합교육 전공을 개설하여 융합교육의 방향에 맞는 교사들을 양성하고자 노력하고 있다. 『융합교육의 이해: 융합교육입문서』에서는 융합교육의 목적과 초점에 대하여 다음과 같이 밝히고 있다(백성혜·오세라 외, 2017).

첫째, 융합교육의 초점은 모든 것을 잘하는 인재를 육성하는 것이 목적이 아니라, 자신의 위치에서 다양한 분야와 의사소통할 수 있고 열린 마음으로 다른 사고를 받아들여 상이한 범주-영역-분야를 창조적으로 연결할 수 있는 능력을 갖춘 인재를 기르는 것이다.

둘째, 융합교육에서는 특정 지식이 '유일한 진리'인 것처럼 제시하는 교수 방식을 버리고, 지식이 만들어지는 상황과 맥락 및 다양한 전제조건들을 접하게 함으로써 학습자가 다양한 지식들을 비교하면서 연결시킬 수 있는 시각을 길러 주고자 한다.

셋째, 융합교육은 경쟁과 효율성만을 강요하는 현 사회의 모순을 해결하고 상호 공존과 지속적 발전이 필요한 미래사회를 건설하기 위한 취지에 입각한 교육이다. 따라서 단일한 지식체계 대신 다양하고 실질적인 '앎'이 생성되는 상황과 맥락을 이해함으로써 다양한 지식에 대한 관용적 태도를 가지고 이전보다 훨씬 포괄적인 해석과 해결책을 제시할 수 있는 인재를 기를 수 있다.

넷째, 융합교육은 다양한 지식의 양을 증가시키는 데에 그 목적을 두지 않는다. 융합교육은 '인문·사회·과학·기술의 기초 소양을 균형 있게 함양하기 위한 교육'으로서 궁극적으로 나와 사회, 자연과 세계가 모두 유기적으로 연결된 하나의 총체임을 이해하고 삶 속에서 배움을 실현하는 인성교육과 궤를 같이한다.

이에 본 장에서는 초등학교 4학년 과학 교과의 '물체의 무게' 단원을 살펴보고, 이를 학년 성취기준과 학생 수준을 반영한 모델링 기반의 과학·수학·예술 융합교육 프로그램으로 재구성하여 적용한 후 학생들의 과학적 소양에 대한 변화를 탐색하고자 하였다.

구체적인 연구 문제는 다음과 같이 설정하였다.

첫째, 모형 기반 과학·수학·예술을 융합한 프로그램을 성취기준과 학생 특성에 맞게 어떻게 재구성할 것인가?

둘째, 개발된 융합교육 프로그램을 통해 학생들의 과학적 태도는 어떻게 변화되었는가?

총 2단계로 설정한 이유는 학년 성취기준과 특성에 맞는 과학·수학·예술 융합교육 프로그램을 적용한 후 변화된 학생들의 과학적 소양을 탐색하기 위함이며, 이를 통해 융합교육이 앞으로 나아가야 할 방향을 탐색하는 데 그 의의를 두기 위함이다.

02 과학적 소양(Scientific Literacy)과 모델링(Modeling)

과학적 소양

현대사회는 과학기술의 발달에 따라 급변하고 있고, 세계는 이러한 변화에 빠르게 적응하고 그 변화를 주도해 나갈 수 있는 창의적이고 융합적인 사고 체계를 겸비한 인재가 필요한 상황이다(교육부, 2018). 이에 교육부는 2015 개정 교육과정 총론의 주요 사항으로 우리 사회에 필요한 인재상을 "인문학적 상상력, 과학기술 창조력을 갖추고 바른 인성을 겸비하여 새로운 지식을 창조하고 다양한 지식을 융합하여 새로운 가치를 창출할 수 있는 창의·융합형 인재"로 제시하고, 학교교육을 통하여 모든 학생들이 창의·융합형 인재로 성장할 수 있도록 교육과정을 개정하였다(교육부, 2015a).

과학과 2015 개정 교육과정에 큰 영향을 미친 '한국의 과학교육 표준(Korean Science Education Standards)'에서는 미래 과학교육이 추구하는 인간상을 "과학적 소양(Scientific literacy)을 갖추고 더불어 살아가는 창의적인 사람"으로 설정하였다. 이들이 갖추어야 할 과학적 소양은 "과학 관련 역량과 지식을 지니고 개인과 사회의 문제해결에 민주시민으로서 참여하고 실천하는 태도와 능력"으로 정의하고 있다(송진웅 외, 2018).

과학적 소양은 세 가지 차원(Dimension), 즉 역량 차원(Competence dimension), 지식 차원(Knowledge dimension), 참여와 실천 차원(Partipitation & Action dimension)으로 이루어져 있다. 이 세 차원은 서로 상호보완적인 관계로 과학적 소양은 역량과 지식, 그리고 참여와 실천이 함께 어우러질 때 완성된다는 의미를 가진다.

역량 차원은 과학적 탐구력, 과학적 사고력, 의사소통과 협업 능력, 정보처리와 의사결정능력, 초연결사회 대응과 평생학습 능력의 5개 영역으로 구성되어 있다. 지식 차원은 규칙성과 다양성, 에너지와 물질, 시스템과 상호작용, 변화와 안정성, 과학과 사회, 지속 가능 사회를 위한 과학기술의 6개 영역으로 이루어져 있다. 또 적극적인 탐구활동 참여와 실생활 적용을 촉진하기 위한 참여와 실천 차원은 과학 공동체 활동, 과학 리더십 발휘, 안전 사회 기여, 과학문화 향유, 지속 가능 사회 기여의 5개 영역으로 구성되어 있다. 본 프로그램에서는 역량 차원의 과학적 탐구력, 과학적 사고력 영역과 지식 차원의 시스템과 상호작용 영역, 그리고 참여와 실천 차원의 과학문화 향유 영역의 과학적 소양 변화를 중심으로 탐색하였다.

미래사회는 첨단 과학기술을 기반으로 혁신적인 융복합 영역이 창출되는 사회로, 최고 수준의 과학적 문제해결력과 창의성을 발휘하는 전문가 집단과 과학적 소양을 갖춘 시민이 함께 이끌어 갈 것이다. 이에 따라 '과학적 소양'을 갖추는 것은 미래세대에게 반드시 필요한 요소임이 분명하다.

모델링

창의적인 문제해결 과정에서의 모델링(Modeling)은 학생들의 개념을 바꾸고 이해를 심화시킬 수 있다(Harrison·Treagust, 2000; Jong·Van Driel etc, 2005). 모델링은 과학 지식의 구조를 좀 더 명확하게 하고 학생들이 과학 지식을 보다 쉽게 이해할 수 있게 도울 수 있으며, 모델링에 학생들을 참여시킴으로써 학생들의 과학적 이해를 자극할 수 있다(Maia·Justi, 2009). 또한 과학 모델링은 학생들에게 표현을 개발하고, 학생들의 아이디어를 가시화하며, 복잡한 자연 시스템에 대한 모형 기반의 설명을 만들어 낼 수 있는 기회를 제공한다(Baumfalk·Bhattacharya etc, 2019).

특히 과학과 2015 개정 교육과정에서는 기능의 영역으로 '모형의 개발과 사용'을 처음으로 제시하였으며, 이는 미국의 '차세대 과학교육표준(Next Generation Science Standards, NGSS)'에서 제시한 8가지 실천 중 하나인 "모형을 개발하고 사용하기(Developing and Using Models)"와 관련되어 있다(김희백 외, 2017). 모형을 개발하고 사용하기의 의미는 '자연현상을 설명하기 위해 모형과 시뮬레이션을 구성하고 사용하는 것'으로 정리할 수 있다(강남화·이은미, 2013).

NGSS에서는 모형을 개발하고 사용하는 모델링 역량을 학년에 따라 구분하였는데, 초등학교 3~5학년에서는 유치원에서 2학년까지의 경험에 기반을 두어 간단한 모형을 구성, 수정 및 이용하여 사건이나 설계안을 나타내는 방향으로 제시하고 있으며 구체적인 내용은 〈표 1〉과 같다.

〈표 1〉 NGSS에서 제시한 초등학교 3~5학년 학생들의 모형 개발과 실천 능력

■ 모형의 한계를 확인한다.
■ 빈번하고 규칙적으로 발생하는 현상과 관련된 변인 사이의 관계를 표현하기 위해 협동하여 증거 기반 모형을 개발하고 수정한다.
■ 비유 예: 추상적 표상을 사용하여 모형을 개발하고 과학적 원리나 설계안을 서술한다.
■ 모형을 개발하고 사용하여 현상을 기술하거나 예측한다.
■ 다이어그램이나 간단한 실물 모형을 개발하여 제안하는 사물, 도구, 과정을 전달한다.
■ 모형을 사용하여 자연계 및 인공 세계의 기능과 관련된 인과관계나 상호작용을 검증한다.

모델링 교구_4D 프레임(Frame)

이 연구에서는 학생들의 모델링 활동을 돕기 위하여 4D 프레임(Frame) 교구를 활용하였다. 4D 프레임은 '4차원(Fourth dimension)'의 4D와 '프레임(Frame, 틀)'으로 이루어진 합성어로서, 사람의 생각과 마음, 내면 의식, 꿈 등 눈에 보이지 않는 무한한 것들을 프레임이라는 '유연한 연결봉과 연결발'들을 사용하여 눈에 보이는 점, 선, 면, 입체로 표현하는 것을 의미한다(박호걸, 2015a; 2015b).

4D 프레임의 교구는 연결봉과 연결발로 이루어져 있다. 연결봉은 여러 가지 방법으로 연결발에 이어서 만들고 싶은 모양의 구조물을 창조해 내는 데 쓰인다. 연결봉은 간단한 도구(가위)로 길이를 마음대로 조절할 수 있어서 학생들이 자신의 사고를 자유롭게 표현할 수 있다. 4D 프레임의 특징 중 하나는 연결봉이 활처럼 휜다는 데에 있다. 이는 재질 자체가 부드러운 연질 재료인 폴리프로필렌(Poly-prophylene)으로 되어 있고, 속이 비어 있기 때문이다. 또한 색깔과 길이가 다양하여 유선형 구조물도 가능한다.

4D 프레임의 가장 핵심적인 요소는 연결봉을 이어 주는 데 쓰이는 연결발이다. 연결봉을 자유사재로 이어 줌으로써 무엇이든 표현해 낼 수 있도록 해 주는 연결발은, 종류에 따라 180도, 120도, 90도 등이 있다. 단지 발의 수에 따라 각도가 변하는 것뿐만 아니라 발을 위아래로 꺾거나 옆으로 젖히면 입체적으로 발과 발 사이의 각도를 조절할 수 있다. 이와 같이 연결발의 각도를 상하좌우로 조절할 수 있어 연결봉의 표현력을 자유자재로 높여 나가는 강력한 도구가 될 수 있다(박호걸, 2015b). 초등학교 4학년 학

생들은 아직 복잡한 교구의 사용 역량이 높지 않기 때문에 매우 단순하면서도 자신의 생각을 모델링하기에 적합한 도구로 판단하여 4D 프레임을 선택하였다.

또 다른 특징은 집단 활동을 할 수 있다는 것이다. 한 사람이 하나의 유닛을 만들고 각자 만든 것을 여러 명이 모여서 합치면 하나의 거대한 구조물을 만들어 낼 수 있다. 특히 정형화된 형상물보다는 자유로운 구조물을 표현할 수 있다는 것이 큰 장점이다. 이와 같은 집단 활동을 통하여 즐겁게 어울려서 활동하는 것을 배워 갈 수 있고, 함께하는 과정을 통해 혼자의 힘은 작을지라도 여럿이 함께 힘을 모으면 큰 힘을 낼 수 있다는 협동심을 배울 수 있다(박호걸, 2015b).

03 모델링 기반 과학 융합교육 방법론

프로그램의 시작

본 수업에 참여한 학생들은 경북의 농촌지역에 있는 N초등학교 4학년 학생들로, 남학생 7명(특수교육 대상 학생 1명), 여학생 2명 등 총 9명이었다. 소규모 학교이다 보니 학생들 간에 유대감이 강하고, 학생들의 주장이 강한 편이며, 발표력과 수업의 집중력도 좋은 편에 속하였다. 또한 호기심이 많고 인정 욕구가 강한 편이며, 새로운 수업에 대해 흥미를 느꼈으나, 단점으로는 학생들 간에 간섭이 있고, 동료의 이야기에 경청하는 태도가 부족하였다. 또한 주장은 강하지만 상대적으로 깊은 사고를 통해 활동이 이루어지지는 않는 경향이 있으며, 이 수업에서 활용한 4D 프레임의 활용 정도도 개인차가 있었다.

본 프로그램의 개발은 다음과 같이 진행되었다. 연구자가 지도하고 있는 초등학교 4학년 학생들을 연구 대상자로 선정하였고, 4학년 과학 교과의 '3. 물체의 무게' 단원을 학년 성취기준과 학생 특성을 반영하여 재구성하였다. 프로그램의 단원 도입 차시에 학생들의 체화 인지된 지식과 이를 과학적으로 이해하고 있는지에 대한 확인 활동을 포함하였으며, 매 차시 활동지 등을 바탕으로 학생들의 이해 정도를 확인한 후 다음 차시 수업을 재구성하였다.

우선 교과서와 지도서를 살펴보았다. 본 단원의 지도상의 유의점으로는 수평 잡기의 원리를 이용한 양팔저울을 먼저 제시하도록 안내되어 있었다. 하지만 실제 교과서의 수업 구성을 살펴보니 지도서에서 제시한 유의점과는 달리 용수철저울의 원리를 살펴본 뒤 수평 잡기의 원리를 이용한 양팔저울을 알아보는 것으로 차시가 구성되어 있음을 발견할 수 있었다.

본 수업을 시작하기에 앞서 수평 잡기의 원리에 대한 학생들의 선행지식을 확인하기 위하여 1차시 수업에서 학생들이 일상생활에서 놀이로 사용하는 '시소'를 예로 들어 수평 잡기의 원리에 대하여 설명해 보도록 하였다. 이에 대한 구체적인 활동 사례는 다음과 같다.

> 교사: 시소를 타 본 경험을 생각하며 수평 잡기의 원리에 대하여 알아봅시다. 시소에서 수평을 잡으려면 어떻게 해야 하나요?
>
> 학생 1: 무거운 사람이 뒤에 앉으면 수평을 잡기에 힘들어져요.
>
> 학생 2: 무거운 사람은 앞쪽에 앉고, 가벼운 사람이 뒤쪽에 앉아야 시소의 수평을 잡을 수 있어요.

학생들은 '시소' 놀이에 담긴 수평 잡기의 원리에 대하여 잘 알고 있었다. 유치원 또는 그보다 더 어렸을 때부터 놀이로 사용한 시소였기에 초등학교 4학년 학생들은 수평 잡기의 원리에 대하여 당연히 알고 있을 것이라 여겼으나, 그럼에도 불구하고 이 융합교육 프로그램을 시작하게 된 것은 바로 다음 활동에 제출한 학생들의 활동지 때문이었다.

> 교사: 우리는 모두 '시소'에서 수평을 잡을 수 있습니다. 여러분들이 말해 준 것처럼 무거운 사람이 앞에 앉고 가벼운 사람이 뒤에 앉으면 시소는 수평이 됩니다. 그러면 이런 수평 잡기의 원리가 들어있는 재미난 시소를 만들어 보았으면 합니다. 우선 책이나 인터넷을 활용하여 다양한 시소를 찾아보고, 나만의 시소를 디자인해 봅시다.

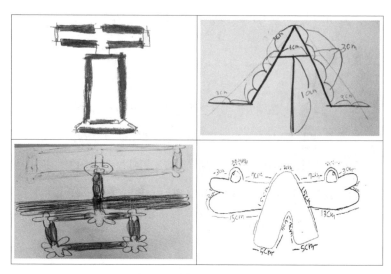

〈그림 1〉 학생들이 제출한 '나만의 시소' 디자인들

〈그림 1〉에서 볼 수 있듯이 모두 앉는 곳에 대한 변화는 없고, 받침대의 높이에만 변화를 준 것을 확인할 수 있었다. 이는 수평 잡기의 원리인 "물체의 무게×받침점으로부터의 거리가 일정할 때 수평이 된다"와는 관계가 없는 것으로, 학생들이 놀이를 통해 체화 인지된 지식을 수평 잡기의 원리가 포함된 과학적 지식으로 나타내는 것과는 차이가 있다고 판단되었다.

이를 바탕으로 우선 학생들에게 수평 잡기의 원리를 과학적으로 이해하고, 자신의 체화 인지된 지식을 과학적 원리로 표현하는 것에 초점을 맞추어 수업을 재구성하였다. 또 수평 잡기의 원리에 수학적 요소가 들어가고 모형을 활용한 실험으로 과학적 원리를 파악하기 위해 4D 프레임을 활용한 과학·수학·예술 융합교육 프로그램을 개발하게 되었다. 융합교육 프로그램을 개발하기에 앞서 해당 교과와 단원에 적합한 초등학교 4학년 과학·수학·예술 교과의 관련 성취기준을 분석한 결과는 다음과 같았다.

〈표 2〉 과학·수학·예술 교과 관련 성취기준

교과	관련 성취기준
과학	[4과09-02] 수평 잡기 활동을 통해 물체의 무게를 비교할 수 있다. [4과09-04] 간단한 저울을 설계하여 제작하고 그 결과물을 평가할 수 있다.
수학	[4수04-01] 다양한 변화 규칙을 찾아 설명하고, 그 규칙을 수나 식으로 나타낼 수 있다.
예술	[3~4미_체험] 주변 대상을 탐색하여 자신의 느낌과 생각을 다양한 방법으로 나타낼 수 있다. [3~4미_감상] 미술 작품에 대한 자신의 느낌과 생각을 발표하고, 그 까닭을 설명할 수 있다. [3~4미_표현] 표현 방법과 과정에 관심을 가지고 계획할 수 있다. 기본적인 표현 재료와 용구의 사용법을 익혀 안전하게 사용할 수 있다. [3~4미_체험] 자연물과 인공물을 탐색하는 데 다양한 감각을 활용할 수 있다.

교과 성취기준과 학생 특성을 반영한 과학·수학·예술 융합교육 프로그램의 차시 구성과 차시별 성취기준은 다음과 같다.

〈표 3〉 융합교육 프로그램 차시 구성

차시	관련 과목	주제	학습자료
1	과학·미술	수평 잡기의 원리가 담긴 나만의 시소 디자인하기	시소 디자인 활동지
2~3	과학·수학·미술	시소 모형으로 수평 잡기	4D 프레임, 수평 잡기 원리 활동지
4~5	과학·미술	수평 잡기의 원리 살펴보기	4D 프레임, 철끈, 가위, 자
6~8	과학·미술	수평 잡기의 원리가 포함된 놀이공원 만들기	놀이공원 사진, 4D 프레임

차시	2015 개정 교육과정 성취기준
1	[4과09-02] 수평 잡기 활동을 통해 물체의 무게를 비교할 수 있다. [3~4미_체험] 주변 대상을 탐색하여 자신의 느낌과 생각을 다양한 방법으로 나타낼 수 있다. [3~4미_감상] 미술 작품에 대한 자신의 느낌과 생각을 발표하고, 그 까닭을 설명할 수 있다.
2~3	[4과09-02] 수평 잡기 활동을 통해 물체의 무게를 비교할 수 있다. [4과09-04] 간단한 저울을 설계하여 제작하고 그 결과물을 평가할 수 있다. [4수04-01] 다양한 변화 규칙을 찾아 설명하고, 그 규칙을 수나 식으로 나타낼 수 있다. [3~4미_표현] 표현 방법과 과정에 관심을 가지고 계획할 수 있다. 　　　　　　　기본적인 표현 재료와 용구의 사용법을 익혀 안전하게 사용할 수 있다.
4~5	[4과09-02] 수평 잡기 활동을 통해 물체의 무게를 비교할 수 있다. [4과09-04] 간단한 저울을 설계하여 제작하고 그 결과물을 평가할 수 있다. [3~4미_체험] 자연물과 인공물을 탐색하는 데 다양한 감각을 활용할 수 있다.
6~8	[4과09-02] 수평 잡기 활동을 통해 물체의 무게를 비교할 수 있다. [4과09-04] 간단한 저울을 설계하여 제작하고 그 결과물을 평가할 수 있다. [3~4미_체험] 주변 대상을 탐색하여 자신의 느낌과 생각을 다양한 방법으로 나타낼 수 있다.

융합교육 프로그램

1차시에서는 학생들이 수평 잡기의 원리가 반영된 나만의 시소를 디자인해 본 후 서로의 디자인에 대하여 이야기를 나누어 보았다.

　　교사: 수평 잡기의 원리가 담긴 여러분만의 시소를 디자인해 보았습니다. 새롭게 디자인된 서로의 시소를 보고 공통점과 차이점은 어떤 것들이 있는지 이야기해 봅시다.

　　학생 1: 받침점의 높이를 다르게 하였습니다.

학생 2: 받침대의 디자인을 귀여운 공룡 모양으로 만든 친구도 있습니다.

교사: 여러분들의 작품에서 공통적으로 나타나는 것으로는 어떤 것들이 있나요?

학생 3: 받침점의 높이를 모두 높여 주었습니다.

교사: 우리는 모두 시소를 통한 수평 잡기의 원리를 확인해 보았습니다. 그 내용은 무거운 사람이 앞쪽에 앉고 가벼운 사람이 뒤쪽에 앉으면 수평을 잡을 수 있다는 것이었습니다. 여러분이 새롭게 디자인한 시소를 보면 모두 받침점의 높이를 높게 한 것을 알 수 있습니다. 받침점의 높이 변화가 수평을 잡는 데 영향을 줄까요?

학생 4: 네, 받침점의 높이가 높아지면 불안해져서 수평 잡기에 힘들 것 같아요.

학생 5: 맞아요. 수평을 잡을 때 받침점의 높이가 높을 때는 높이가 낮을 때와 다른 무언가가 있을 것 같아요.

위의 사례에서 보듯이 학생들은 받침점의 높이가 높아지면 수평을 잡는 데 어려움이 있을 것이라고 판단하였다. 이는 체화 인지된 수평 잡기의 원리에 과학적 지식이 반영되지 않은 결과로, 이에 4D 프레임이라는 교구를 활용해 시소 모형을 만들고 실제 실험을 하는 것으로 수업을 구성하였다.

2~3차시 수업에서는 4D 프레임을 활용하여 시소 모형을 만들어 본 후 수평 잡기의 원리에 대해 살펴보는 시간을 가졌다. 이번 단원을 수업하기에 앞서 4학년 과학 '지층과 화석' 단원에서 학생

들은 4D 프레임을 이용해 지층과 화석 모형을 만들어 본 경험이 있어 4D 프레임으로 시소 모형을 만드는 데에는 큰 어려움이 없었다. 먼저 기존에 알고 있던 시소 모형을 만들어 수평 잡기의 원리를 1차 확인한 후 새롭게 디자인한 시소 모형을 만들어 수평 잡기의 원리에 대해 살펴보았다.

기존 시소 모형   새롭게 디자인한 시소 모형

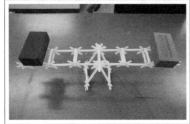

〈그림 2〉 4D 프레임을 활용한 시소 모형 제작

교사: 기존의 시소 모형에서 수평을 잡을 때와 새롭게 디자인한 시소 모형에서 수평을 잡을 때의 차이점은 어떤 것이 있었나요?

학생 1: 기존의 시소 모형과 새로운 시소 모형에서 모두 수평이 잡혔습니다.

학생 2: 받침점의 높이는 수평 잡기와 관련이 없음을 알게 되었습니다.

교사: 받침점이 높이를 높여도 수평이 잘 잡혔나요?

학생 3: 네, 받침점의 높이가 높으면 수평을 잡기가 어려울 것 같았는데 생각보다 잘 잡혔습니다.

학생 4: 기존의 시소 모형과 비교했을 때 차이점이 없었습니다.

학생들과의 대화에서 알 수 있듯이, 학생들은 수평 잡기의 원리에 대해 자신들이 잘못 알고 있는 사실을 스스로 발견하였다. 이를 바탕으로 4~5차시 수업에서 수평 잡기의 원리는 무엇인지 추가 실험을 통해 살펴보았다.

> 교사: 우리는 이번 실험으로 받침점의 높이는 수평 잡기와 관련이 없다는 것을 알 수 있었습니다. 그렇다면 수평 잡기의 원리는 무엇일까요?
>
> 학생 1: 시소에서 무거운 사람이 앞에 앉고 가벼운 사람이 뒤에 앉을 때 수평을 잡을 수 있었던 것과 관련이 있을 것 같습니다.
>
> 교사: 모두 그렇게 생각하나요?
>
> 학생들: 네.

시소 놀이를 통한 수평 잡기의 원리에 대하여 다시 한번 학생들과 이야기를 나눈 후, 학생들이 직접 만든 시소 모형을 활용하여 수평 잡기의 원리에 대해 탐구해 보는 시간을 가졌다. 무게가 같은 물체의 개수와 받침점으로부터 물체를 놓는 위치를 다르게 한 후, 학생들에게 일정한 시간을 주고 수평 잡기의 원리를 탐색해 보도록 하고 대화를 나누어 보았다.

> 교사: 물체의 개수와 놓는 위치를 다르게 하였을 때 수평을 잡을 수 있었나요?

학생들: 네.

교사: 선생님은 물체 3개를 첫 번째 칸에 놓았을 때와 물체 1개를 세 번째 칸에 놓았을 때 수평을 잡을 수 있었습니다. 여러분은 어떻게 수평을 잡았나요?

학생 1: 전 물체 2개를 두 번째와 세 번째 사이 칸에 놓았을 때와 물체 1개를 다섯 번째 칸에 놓았을 때 수평을 잡을 수 있었습니다.

학생 2: 전 물체 2개를 두 번째 칸에 놓았을 때와 물체 1개를 네 번째 칸에 놓았을 때 수평을 잡을 수 있었습니다.

학생들은 모두 무게가 같은 물체의 개수와 물체를 놓는 위치를 달리하여 수평을 잡아 보았다. 그리고 이를 수식으로 나타내어 수평 잡기에 들어 있는 과학적 원리에 대하여 살펴보았다.

교사: 모두 수평을 잡아 보았네요. 그럼 이것을 바탕으로 수평 잡기의 원리를 식으로 나타내어 봅시다. (칠판의 판서 내용을 확인하며) 물체의 개수와 놓는 위치를 달리하여 선생님과 여러분이 수평을 잡았을 때의 결과입니다. 수평이 잡혔다는 것을 '=' 기호를 사용하여 나타낸다면, '='을 기준으로 왼쪽과 오른쪽의 관계에 어떤 수학기호를 넣으면 '=' 기호를 사용할 수 있을지 생각해 봅시다.

학생들: '×' 기호를 사용하면 왼쪽과 오른쪽에 '=' 기호를 사용할 수 있습니다.

교사: 그럼 이를 식으로 표현하면 어떻게 될까요?

학생 1: '물체의 무게×물체가 놓인 위치'로 하면 될 것 같습니다.

교사: 좋습니다. '물체가 놓인 위치'를 '받침점으로부터의 거리'로 바꾸

어도 괜찮을까요?

학생들: 관계없을 것 같습니다.

교사: 네. 그러면 수평 잡기의 원리를 용어를 사용하여 나타내 봅시다.

〈그림 3〉 수평 잡기의 원리 표현하기

학생들의 활동지에서 살펴볼 수 있듯이, 학생들은 자신들이 놀
이 경험으로 체득한 수평 잡기의 원리에 대한 오류를 스스로 확인
했고, 이를 4D 프레임 모형을 통한 실험으로 오류를 수정하는 동
시에 수평 잡기에 담겨 있는 과학적 원리를 스스로 발견해 낼 수
있었다.

이 수업은 평소 놀이 기구로 즐겨 사용하는 시소에 담긴 수평 잡기의 원리를 학생들의 체화 인지된 지식과 과학적 원리가 반영된 시소 디자인의 모순에서 출발하였다. 그리고 초등학교 4학년 과학 교사용 지도서에서 발견된 단원 지도상의 유의점에 대한 의문이 더해져 개발하게 된 모델링 기반 과학·수학·예술 융합교육 프로그램을 학생들에게 어떻게 적용했는지 그 과정과 결과는 다음과 같다.

첫째, 학생들이 가지고 있던 기존의 과학적 오류를 모형을 기반으로 한 과학·수학·예술 융합교육 프로그램을 학년 성취기준과 학생들의 특성을 반영하여 개발하였다. 학생들이 시소 놀이를 통한 경험으로 습득하게 된 수평 잡기의 원리를 과학적인 요소가 들어간 작품으로 디자인하는 과정에서 학생들이 가지고 있는 과학적 오류를 발견할 수 있었다. 이를 해결해 나가는 과정에서 살펴보게 된 2015 개정 과학과 교육과정이 반영된 초등학교 4학년 과학 교사용 지도서의 단원 지도상의 유의점에서 지도 순서에 의문스러운 점을 찾을 수 있었다.

학생들의 과학적 오류를 스스로 발견하고 해결할 수 있는 힘을 길러 주기 위해 모형을 사용하게 되었고, 특히 변형과 조작이 용이한 4D 프레임을 활용하여 시소 모형을 제작하였다. 수평 잡기의 원리라는 과학적 요소에 4D 프레임을 활용하여 시소를 만드는 과정에서 반영된 예술적 요소와 수평 잡기의 원리에 반드시 필요한 수학적 요소를 더하여 과학·수학·예술 교과의 학년 성취기준이 반영된 융합교육 프로그램을 개발할 수 있었다.

둘째, 개발된 모형 기반 과학·수학·예술 융합교육 프로그램을 적용한 후 학생들의 과학적 소양 변화에서도 유의미한 변화를 관찰할 수 있었다. 과학적 소양은 과학 관련 역량과 지식을 지니고 개인과 사회의 문제해결에 민주시민으로서 참여하고 실천하는 태도와 능력을 의미한다. 과학적 탐구력 영역에서는 문제인식 능력과 모델링 능력을 중심으로 학생들의 역량 차원의 변화를 살펴보았고, 과학적 사고력 영역에서는 논리적 사고력과 비판적 사고력을 중심으로 학생들의 변화를 탐색해 보았다.

과학적 탐구력 영역에서의 문제인식 능력은 다양한 상황에서 스스로 문제를 제기하는 능력으로, 문제해결과 탐구의 첫 단계에서뿐만 아니라 모든 과정에서 나타날 수 있다. 학생들은 자료 조사를 바탕으로 기존의 시소를 새롭게 디자인해 보는 과정에서 흥미와 호기심을 가지고 기존의 시소를 관찰하였고, 자신만의 관점으로 시소를 새롭게 디자인해 보았다. 4D 프레임을 활용해 시소를 모델링해 보는 과정과 기존의 시소 모형을 제작해 보고 새로운 시소 모형을 만들어 보는 활동에서 모형을 이해하는 능력이 함양되었으며, 자신이 만든 모형을 바탕으로 수평 잡기의 원리에 대해 생각해 보는 등 모델링 능력 또한 발전되었음을 면담을 통해 확인할 수 있었다. 이는 효과적으로 설계된 모델 기반 학습 경험은 학생들에게 현상을 정확하게 표현하기 위한 모델을 평가하고 수정할 수 있는 기회를 제공하며, 자연현상에 대한 예측을 위한 모델을 사용할 수 있는 기회를 제공할 수 있다는 단테 시스테나(Dante Cisterna) 등의 연구 결과와 일치하였다(Cisterna·Forbesm etc, 2019).

과학적 사고력 영역에서의 논리적 사고력은 자연현상을 포함한 여러 가지 현상에 대하여 논리적 규칙에 따라 오류에 빠지지 않고 생각하는 능력을 말하며, 비판적 사고력은 문제 상황에서 감정이나 편견에 사로잡히지 않고 합리적으로 옳고 그름을 판단하는 능력을 의미한다. 학생들은 모델링을 바탕으로 한 수평 잡기의 원리를 알아보는 과정에서 자신들이 믿고 있던 사실이 과학적 오류임을 스스로 발견할 수 있었고, 이를 인정하며 수평 잡기의 원리에 대해 고민하게 되었다. 무게의 개념을 도입하기 위해 용수철저울을 먼저 제시한 후에 양팔저울을 제시하는 기존의 교육과정 전개와 달리 체화 인지된 지식을 활용하여 시소 모형을 4D 프레임으로 제작하고 탐색하는 과정을 경험하면서 학생들은 받침점의 높이와 같은 변인을 제거하고 무게의 차이에 집중할 수 있었으며, 이러한 모델링 기반 교육프로그램을 통해 비판적 사고력과 논리적 사고력을 기를 수 있음을 확인할 수 있었다.

지식 차원의 변화는 시스템과 상호작용 영역의 역학적 상호작용을 중심으로 살펴보았다. 역학적 상호작용이란 자연계를 이루는 다양한 힘들이 어떻게 상호작용하며 다양한 시스템에서 변화와 질서를 유지하고 있는지에 대한 지식을 말한다. 학생들은 새롭게 모델링한 시소 모형으로 수평을 잡아 보며 스스로 수평 잡기의 원리를 발견하였다. 이는 모델링을 생각의 도구로 사용하여 역학적 상호작용에 대한 지식을 쌓는 것은 과학적 모델링을 이론적·분석적 도구로 활용해 과학적 설명 및 이론의 구축에 대한 메커니즘 기반 관점(Baumfalk·Bhattacharya etc, 2019)으로 정의한 연구 결과와 일치하였다.

또한 다양한 변화 규칙을 찾아 설명하고, 그 규칙을 수나 식으로 나타내는 역량도 획득하게 되었다. 초등학교 4학년 과학 교과의 '3. 물체의 무게' 단원의 교육 내용으로는 학생들의 개념 획득에 어려움을 가진다는 국내외 연구 결과(박준형·전영석, 2014; Galili, 2001)가 있었으나, 이 연구 대상자인 면 지역의 소규모 학교에 다니는 9명의 초등학교 4학년 학생들은 모델링 기반 과학프로그램을 통해 지식 차원의 뚜렷한 변화를 관찰할 수 있었다.

참여와 실천 차원의 과학문화 향유 영역에서는 자연현상과 과학에 대한 감수성 제고를 중심으로 학생들의 변화를 관찰해 보았다. 자연현상과 과학에 대한 감수성 제고란 자연현상에 흥미를 가지고, 궁금하거나 해결이 필요한 문제를 인식하고 해결해 보려고 시도하는 것을 말한다. 학생들은 새롭게 디자인한 시소 모형에서 공통점을 발견하고, 자신들이 발견한 공통점을 바탕으로 수평 잡기의 원리에 대하여 고민해 보았으며, 모델링을 바탕으로 새로운 과제에 도전해 보려고 하였다. 이러한 변화는 흥미와 호기심과 같은 정서적 경험이 학습자의 과학 학습의 질적 이해를 도울 수 있다는 문주영·신영준의 연구 결과와 일치하였다(문주영·신영준, 2018).

모델링 기반 과학 프로그램을 체험한 학생들은 모델링 활동이 초등학교 4학년 과학 교과서의 '3. 물체의 무게' 단원뿐 아니라, 화산과 지층 모형, 수학 도형 모형, 물의 상태 변화 모형 등 다양한 과학 분야의 다른 모형 수업에도 적용이 가능할 것이라고 인식하게 되었다. 이는 앞의 〈표 2〉에 제시된 것처럼 주변 대상을 탐색하고 자신의 생각을 다양한 방법으로 나타낼 수 있음을 깨달았기 때문이라고 할 수 있다. 특히 과학에서 다루는 자연물과 모델링 과정에서 구현되는 인공물을 탐색하면서 자연현상의 이유를 설명할 수 있다는 것을 알게 되었으며, 모델링의 가치를 인식하게 되었음을 확인하였다.

이상의 내용을 바탕으로 모델링 기반 융합교육 프로그램을 통한 초등학교 4학년 학생들의 과학적 소양 변화 탐색에 대하여 몇 가지 제언을 하면 다음과 같다.

첫째, 과학을 포함한 교과 수업을 하기에 앞서 학생들이 가지고 있는 선험적 지식을 확인할 필요가 있다고 여겨진다. 본 연구에서도 알 수 있듯이 학생들은 이미 자신들의 경험으로 알게 된 지식은 많으나 과학적 오류를 포함하고 있는 경우가 있다. 이를 고려하지 않고 수업을 진행한다면 학생들의 잘못된 사고는 변화되지 않고 단순한 지식만 쌓일 것이다.

둘째, 모형에 기반을 둔 수업이 필요하다. 학생들이 가지고 있는 생각의 오류는 모형을 사용하여 적용을 해 보며 학생들 스스로 깨칠 수 있게 교사가 기회를 주어야 한다. 현재 우리 교육 현장은 주입식 교육에서 학생이 중심이 되는 학생 중심 수업으로 바뀌어 가고 있다. 모형 기반 수업은 학생 중심 수업일 뿐만 아니라 학생들이 스스로 지식을 생성해 나가는 수업의 한 방향이 될 수 있을 것이다.

셋째, 교사용 지도서의 세세한 검토가 필요하다. 이번 연구에서 발견된 초등학교 4학년 과학 3단원 '물체의 무게'의 단원 지도상의 유의점의 경우 의문을 일으킬 만한 소지가 분명히 있었다. 교사용 지도서는 수업에서 가장 많이 활용되는 참고 자료이며, 이를 바탕으로 학생들은 지식을 습득하게 된다. 학생들의 배움에 교사를 포함한 연구자들의 실수와 오류가 있어서는 안 될 것이다.

본 연구는 연구 대상의 규모가 작고, 경북의 한 초등학교에서 이루어진 것이므로 일반화하기에는 분명한 한계가 있다. 하지만 융합교육 프로그램 개발의 한 방향을 제시하고, 학생들의 과학적 소양과 교사용 지도서에 관심을 가질 수 있는 기회가 되었음에 의의가 있다고 여겨진다. 또한 융합적 사고가 반드시 필요한 현대사회에 본 융합교육 프로그램이 학생들이 미래사회를 준비할 수 있도록 역량을 키우는 작은 씨앗이 되기를 기대해 본다.

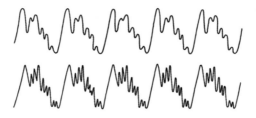

이 장에서는 새로움에 대한 칙센트미하이의 이론 모델 내용 중 각 분야에 축적되고 전승되는 정보와 자원의 총체를 지칭하는 문화영역과의 관계에서 새로움을 설명한 부분에 초점을 두어 그의 이론을 검토한다. 칙센트미하이의 이론에 비추어 볼 때, 각 교과 교육은 각 문화영역의 필수적인 지식과 정보의 견고한 기초를 제공하고 새로움의 창출을 이끈다. 한편, 융합교육은 각 문화영역의 정보와 자원을 종합적으로 고려하는 기회를 제공하고, 이를 통하여 새로움을 구상하는 소양을 계발하여 새로움 창출의 외연을 확장하고 다양화한다. 전반적으로 이 장은 미래를 준비하는 학생들의 혁신적 잠재력을 계발하기 위하여 교과 교육과 융합교육이 상호 보완을 이루는 포괄적인 교육의 필요성을 강조한다

7장

새로움에 대한 이해와 융합교육

- 김희진 -

초중등학교 교육 내용에 대한 국가 기획의 근간이 되는 교육과정은 핵심역량에 '융합'의 개념을 '새로운 것의 창출'과 연결하여 제시하고 있다. 2015 개정 교육과정의 핵심역량에 명기되었던 "다양한 전문 분야의 지식, 기술, 경험을 융합적으로 활용하여 새로운 것을 창출하는 창의적 사고 역량"은, 현재 행정 예고본으로 발표된 상태인 2022 개정 교육과정에도 그대로 유지되고 있다(국가교육과정정보센터 홈페이지(http://ncic.re.kr) 참조). 교육과정의 핵심역량에 포함된 문구 하나가 융합교육의 내용이나 목표를 대표한다고 보기는 어려우나, 그간의 융합교육 실제에서 새로운 것의 창출이 끊임없이 강조되어 온 것은 사실이다.

새로운 것은 일반적으로 이전에는 있지 않았던 것으로 생각되지만, 미하이 칙센트미하이(Mihaly Csikszentmihalyi, 1934~2021)는 공동체가 공유하고 전승하는 기존 자원과 새로움은 불가분의 관계에 있다고 강조하였다. 새로움의 의미에 일견 모순되어 보이는 칙센트미하이의 주장 이면에는 간단치 않은 논리가 작동하고 있으며, 칙센트미하이는 이를 이론 모델로 구성하여 발표하였다. 이 장에서는 '새로움 창출'에 관한 칙센트미하이의 시스템 모델(A Systems Model)을 소개하고, 이 이론 모델의 이해를 돕기 위해 작곡가 쇤베르크(Arnold Schoenberg, 독일어 표기는 Arnold

Schönberg, 1874~1951)의 12음 기법 음악을 함께 소개한다. 이론과 사례의 소개를 통하여 새로움에 대한 우리의 이해를 심화하고, 이를 융합의 관점에서 논의하고자 한다.

02 새로움 창출에 대한 칙센트미하이의 이론 모델

칙센트미하이는 심리학자로서 미국의 대학에서 학생들을 가르쳤으며, 창의성 논의에서 국제적으로 영향력 있는 다수의 저술을 남겼다. 그는 창의성 연구에서 심리학적 접근뿐 아니라 사회문화적 접근이 필요하다는 관점을 취하고, 정치적·사회적·문화적 여건이 새로움의 창출에 끼치는 영향을 주목하였다(Csikszentmihalyi, 1999: 313).

그는 가치 있는 새로운 것은 개인의 자질과 특성만으로 설명될 수 없으며, 대상화된 결과물로만 설명될 수도 없다고 본다. 다시 말해 칙센트미하이는 가치 있는 새로움이 단지 개인으로부터 비롯된 결과물이라기보다는, 개인뿐 아니라 그를 둘러싼 문화적 맥락 속에서 만들어지고 사회적 관계에 의해 구성되는 과정에서 실체화된다고 보았다. 칙센트미하이는 이러한 관점을 반영하여 구성한 새로움 창출에 대한 이론 모델을 일종의 시스템 모델(때때로 'A Systems View' 혹은 'A Systems Perspective'

로 표현하기도 함)로 발표하였다(Csikszentmihalyi, 1988; 1999; Csikszentmihalyi·Wolfe, 2000). 이 이론 모델에서 칙센트미하이는 새로움을 창출하는 개인(Person), 새로운 산물의 가치 평가에 관여하는 다양한 주체들의 관계를 포함한 사회적 장(Field), 그리고 과학·기술·예술 등 각 분야에서 전승되어 오는 정보와 자원의 총체인 문화영역(Domain), 이 세 가지 시스템 간의 관계를 다음과 같은 도식으로 나타냈다.

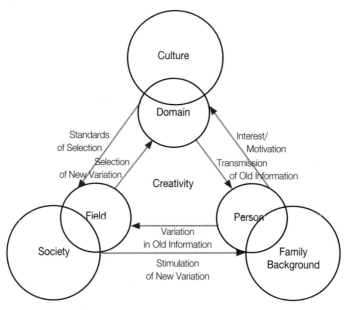

〈그림 1〉 '새로움 창출'에 대한 시스템 모델(Scikszentmihalyi·Wolfe, 2000: 84)

문화영역(Domain)에 대한 칙센트미하이의 설명은 그의 저술에서 반복적으로 나타난다. 그는 이 영역이 상징체계, 관습, 공유되는 기록 등을 포함한다고 보았고 밈(memes), 즉 학습되고 전승되는 문화의 기본 구성단위로 이루어진다고 설명하기도 하였다. 그리고 가치를 인정받고 후대에 전승되는 새로운 아이디어나 형식 등으로 문화영역을 표현하기도 하였다(김희진, 2022: 405; Csikszentmihalyi, 1988: 325~333; 1999: 314~321).

한편 칙센트미하이는 개인(Person)을 전적으로 새로움을 창조하는 주체로 보는 견해에서 벗어나, 문화영역에 전승되는 정보와 자원을 기반으로 자신의 변이형을 만들어 내는 주체로 간주한다. 그리고 변이형을 만들어 내는 과정에 개인의 특성이나 가정환경 등이 영향을 미친다고 보았으며, 변이형의 창출에 영향을 끼치는 개인 차원의 요인으로 내부적 동기와 문화영역의 정보에 대한 관심 등을 주목하였다(Csikszentmihalyi, 1999: 315, 327~332). 하지만 이러한 자질과 요인에만 집중해서는 가치 있는 새로움 창출의 이해에 도달할 수 없고, 이를 반드시 문화적 맥락과 사회적 관계 속에서 고려해야 한다고 강조하였다.

여기서의 사회적 관계는 칙센트미하이의 도식에서 장(Field)이라고 지칭된 부분에 해당한다. 사회적 장은 문화영역에 보존될 자원의 결정과 문화영역의 구조에 영향을 끼치는 주체들로 구성된다. 이들의 개입으로 개인이 만들어 낸 변이형 가운데 가치 있는 새로움이 선별되고 문화영역의 자원화 과정이 이루어진다(Csikszentmihalyi, 1999: 315~316, 327~332).

칙센트미하이는 이상 세 축의 관계성을 전제로 하면서, 새로움을 문화영역의 자원을 기반으로 한 변이(Variation)의 산물로서 나선형 시간적 순환에 위치하는 것으로 본다. 개인의 새로움 창출은 문화영역에서 전승되는 아이디어, 산물, 상징, 기록체계 등에 기초한 변이형의 생산이며, 창출된 새로움이 문화영역의 구조에 영향을 끼치는 주체들의 평가에 따라 가치를 인정받으면 그 새로움이 문화영역의 일부로 새롭게 편입되고, 새로운 자원이 유입된 문화영역은 또 다른 새로움 산출의 근간이 된다는 것이다(김희진, 2022: 405; Csikszentmihalyi, 1988; 1999).

지면의 제한으로 인해 본 장에서는 칙센트미하이의 이론 모델 내용 가운데 문화영역(Domain)과 관련한 부분에 논의를 집중한다. 새로움을 개인의 특성에 관련된 성취로만 설명하는 대신 개인을 둘러싼 문화영역이 개인의 능력 못지않게 새로움 창출의 중요한 축을 이룬다고 주장한 칙센트미하이의 논의를 음악사의 사례를 통해 구체적으로 살펴보기로 한다.

03 음악의 사례로 이해하는 칙센트미하이의 시스템 모델

12음 기법은 쇤베르크가 창안한 작곡 방법이다. 쇤베르크는 오스트리아에서 태어났고, 제2차 세계대전 기간 중 미국으로 이주한 후 유럽과 북미에서 활동한 작곡가이자 교육자로서 음악사에 뚜렷한 족적을 남겼다. 그가 창안한 12음 기법은 음악사 논의에서 새로움

의 중요한 대목으로 취급(오희숙, 2004: 29~57)되는데, 12음 기법
의 영향력은 세계 여러 지역 음악계에 광범위하게 파급되었고 한
국의 작곡계에도 큰 영향을 끼쳤다.

쇤베르크의 12음 기법 음악의 대표적인 예로 알려진 작품번호
25번 「피아노를 위한 모음곡」을 들어 보면, 우리에게 친숙한 조성
음악, 예를 들면 모차르트나 베토벤의 피아노곡 등과의 음악적 차
이를 매우 확연하게 느끼게 된다. 모차르트의 피아노 소나타에서
처럼 따라 부를 수 있을 것 같은 선율, 우리가 학교에서 배운 대로
딸림화음을 거쳐 으뜸화음으로 마무리되는 유형의 악구, 규칙적
인 유형의 리듬 등과는 전혀 다른 음악적 진행을 이 곡은 가지고
있다. 쇤베르크의 「피아노를 위한 모음곡」에서는 기억하고 따라
노래할 수 있는 선율을 파악하기 어렵고, 우리에게 친숙한 화음도
찾기 어려우며, 리듬을 파악하며 박자에 맞추어 손을 저어 보려는
노력은 오리무중에 빠지곤 한다. 이 단 하나의 곡을 통해서도 쇤
베르크의 12음 기법에 의한 음악이 그 이전의 조성 음악의 대표적
인 예인 모차르트나 베토벤의 음악과 얼마나 큰 차이를 가지고 있
는지 쉽게 알 수 있다.

이와 같은 12음 기법 음악에서 작곡의 출발은 악곡의 기본 재료
가 되는 음렬의 구성이다.[1] 작곡가는 한 옥타브인 12개의 음을 사

---

1. 이하 쇤베르크의 12음 기법에 대한 설명은 쇤베르크가 남긴 저술을 그의 사후에 편집하
   여 출판한 서적 『Style and Idea: Selected Writings of Arnold Schoenberg』에 실린 글
   「Composition with Twelve Tones」를 참고하여 기술하였다(Schoenberg, 1975a).

용하여 음렬을 구성하고, 이때 12개의 음이 반복되거나 생략되지 않게 각 음을 반드시 한 번씩 사용하여 음렬을 만든다. 악곡의 기본적 구상을 함축하도록 만들어진 이 음렬을 쇤베르크는 기본음렬(a basic set)이라고 칭하였다.

기본음렬에서 출발하여 여기에서 파생된(derived) 음렬을 만들며, 파생음렬 또한 악곡의 재료로 활용되는 선택지에 포함된다. 파생음렬은 우선 세 가지 방법으로 만들어진다. 하나는 역행(Retrograde), 다른 하나는 전위(Inversion), 나머지 하나는 역행전위(Retrograde-Inversion)의 방법이다. ① 역행음렬은 기본음렬에서 12개의 음의 순서를 마지막으로부터 처음을 향하여 거슬러 올라가는 순서로 구성한 음렬이다. ② 전위음렬은 기본음렬의 한 음으로부터 다음 음까지의 간격을 각각 상행하는 만큼 반대로 하행, 하행하는 만큼 거꾸로 상행하도록 구성한 음렬이다. ③ 역행전위음렬은 ①과 ②의 원리를 결합하여 생성한다. 쇤베르크의 설명을 빌려 이들 음렬의 예를 제시하면 다음과 같다.

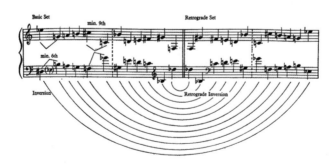

〈그림 2〉 기본음렬과 역행음렬, 전위음렬, 역행전위음렬의 예(Schoenberg, 1975a: 225)

이렇게 해서 만들어진 기본음렬, 역행음렬, 전위음렬, 역행전위음렬, 총 4개의 음렬은 각각 옥타브의 다른 11개 음에서 시작할 수 있다. 다시 말해 각 음렬에서 구성음 각각을 같은 음고만큼 이동시켜 사용할 수 있다.[2]

기본음렬의 예

위 음렬의 구성음 각각을 같은 음고만큼 이동시킨 음렬의 한 예

〈그림 3〉 평행전치에 따른 음렬의 예

기본음렬과 3개의 1차 파생음렬, 그리고 이 4개의 음렬 각각에 위와 같은 방법을 적용한 음렬까지 모두 합하면 총 48개의 음렬이 한 악곡의 작곡을 위한 음렬의 가능성이 된다고 보겠다. 작곡가는 악곡의 작곡을 위한 이 많은 음렬의 선택지 가운데 일부를 선택하여 작곡을 한다.

그리고 선택된 음렬의 음을 실제 악곡의 음으로 조직해 내는 방식은 다양하다. 음렬의 구성음들은 음렬에 위치한 순서에 따라 연속적으로 나타나 선율을 형성할 수도 있고, 동일한 순간에 함께 동

---

2. 쇤베르크가 사용한 용어 'to transpose'에 대한 한글 번역어는 음악학 문헌에서 일관되게 나타나지 않는다. 국내 출판물에서는 이 용어를 '이조(移調)', '이고(移高)' 등으로 번역한다.

시적 울림을 만들 수도 있다. 음렬의 한 음이 연이은 음으로 반복되는 경우도 있으며, 음렬의 음이 옥타브 이동하여 사용될 수도 있다. 또한 음렬의 일부가 선율 구성에 포함되는 동안 다른 일부가 동시적 울림에 나뉘어 사용되는 등, 음렬의 음은 실로 다양한 방식으로 악곡의 세부를 구성한다. 쇤베르크에 따르면, 12음 기법의 규칙은 이를 체화한 작곡가에게 더 이상 작곡의 실제를 얽매는 구속 장치가 되지 않는다.

음악의 세부적 표현에서는 다채롭지만 기저에 놓인 음렬의 구성과 활용의 원리에서는 매우 체계적인 12음 기법에 의한 음악은, 이상의 설명에서 이미 가늠되는 바처럼 모차르트나 베토벤의 음악과 같은 조성 음악의 원리를 대체하는 새로운 음 조직의 원리에 기초했다. 우리에게도 익숙한 조성 음악, 즉 장단 조성 체계에 기반을 둔 음악은 으뜸음(tonic)을 중심으로 한 음들의 위계적 관계와 그에 따른 협화음과 불협화음의 구분을 기본 원리로 포함한다. 그리고 이러한 원리가 선율의 진행, 악구의 구성, 화음 구성과 화성 진행, 부분들의 구획, 악곡을 시작하고 끝맺는 방법 등을 지배한다. 그런데 쇤베르크는 그가 속했던 클래식 음악 문화를 근본적으로 지배해 온 이 조성 음악의 원리를 떠나 자신의 새로운 작곡 원리인 12음 기법을 창출하여 작곡하였다(김희진, 2022: 403).

12음 기법에 의한 작곡에서는 장음계나 단음계가 작곡의 기초 재료로 사용되지 않으며, 각각의 악곡은 그 악곡만을 위해 새로이 만들어진 음렬을 기본 재료로 하여 위에 설명했던 방식에 따라 작곡된다. 이 새로운 작곡 방법에서 음렬의 12개 구성음에는 조성 음악에서와 같은 특정 음의 지배가 없으며, 협화음과 불협화음의 구별도 없고, 12음 기법에 의한 음악에서는 음렬의 구성음들이 각각 서로 동등한 자격으로 다른 음과 관계를 맺는다(김희진, 2022: 403).

그런데 이와 같은 새로운 작곡 기법을 창출하여 작곡을 한 쇤베르크는, 다른 한편으로 그의 무조성 음악에 기존 클래식 음악의 전통이 지속되고 있다고 주장하였다. 기존 조성 음악의 원리를 버리고 무조성 음악을 작곡하는 새로운 방법인 12음 기법을 만들어 작곡을 한 쇤베르크가 오히려 새로운 유형의 음악이 기존 음악 전통을 계승하고 있음을 주장한 것이 모순처럼 들릴 수 있으나, 칙센트미하이의 시스템 모델에 비추어 보면 그것은 새로움의 설명에 위배되는 주장이 전혀 아니다. 우리의 귀에는 조성 음악과 인연이 전혀 없게 들리는 12음 기법 음악이 쇤베르크가 속했던 음악 문화의 기존 전통을 지속하고 있음을 다음의 인용문을 통하여 살펴보자(김희진, 2022: 403~405).

> 12음 기법은, **조성의 중심을 끊임없이 참조하며 구축하는 질서를** 대체한다. 이 방식에 따르면 악곡의 모든 단위는 12음으로 이루어진 기본음렬 내의 음 관계로부터 파생되며, 여기에서 '기초 악상'은 **기본음렬의 끊임없는 참조를 통하여 일관성을 획득한다**(The method of composing with twelve tones substitutes for *the order produced*

by permanent reference to tonal centres an order according
to which, every unit of a piece being a derivative of the tonal
relation in a basic set of twelve tones, the 'Grundgestalt' is
coherent because of this permanent reference to the basic set)
(Schoenberg, 1975b: 91. 한글 번역과 번역문의 볼드체 강조, 영문의
이탤릭체 강조는 필자에 의함.)

위의 인용문은 12음 기법 음악이 클래식 음악계 문화영역의 어
떠한 요소를 '대체'하는 동시에, '대체' 이전과 이후에 지속되는 보
다 근본적인 동일성이 12음 기법 음악에 존재함을 보여 준다. 구체
적으로 말하면, 조성 음악에서 '으뜸음'을 중심으로 구축되는 질서
가 쇤베르크의 12음 기법에서는 '기본음렬'을 중심으로 하는 질서
로 대체되었으나, 12음 기법에서 기본음렬을 중심으로 작품의 모
든 단위들이 구조적으로 일관된 전체를 이룬다는 점은, 조성 음악
에서 주음과의 관계를 중심으로 악곡 전체가 정연한 질서를 이룬
다는 구도와 닮았디. 다시 말해 새로운 변이형으로시의 12음 기
법 음악은 조성 음악과 견주어 '대체' 부분의 차이를 가짐에도 불구
하고 조성 음악 전통으로부터 통일된 전체를 이루는 악곡이라는
보다 근본적인 개념을 계승하였던 것이다(김경화, 2011; 김희진,
2022: 406).

또한 다음의 인용문에 보이는 바와 같이 12음 기법의 새로움에
대한 쇤베르크 자신의 설명은, 칙센트미하이가 시스템 모델에서

설명했던 새로움 창출의 나선형 순환 과정을 예시해 준다.

> "나는 내가 실로 **새로운 음악을 썼음을, 전통에 기반하고 있으며 앞으로 전통이 될 음악을 쓰는 업적을 이루었음을 감히 믿는다**(I venture to credit myself with having written truly *new music* which, being *based on tradition*, is destined *to become tradition*.)."
> (Schoenberg, 1975c: 174)(한국어 번역과 번역문의 볼드체 강조, 영문의 이탤릭체 강조는 필자에 의함.)

이 문장에서 '새로운 음악(new music)'을 새로운 '변이형'의 일종으로, 그리고 '전통(tradition)'을 보존 계승하는 '문화영역'의 일부로 간주하면, 칙센트미하이가 그의 모델에서 제시한 새로움의 나선형 순환 과정이 드러난다. 부연하면 쇤베르크가 남긴 글에 보이는 '전통에 기반을 둠→새로운 음악을 창출함→새로운 음악이 또 다른 전통이 됨'이라는 일련의 과정은, 칙센트미하이가 이론 모델에서 설명했던 바처럼, 문화영역에 기초한 변이형으로서의 새로움이 문화영역에 새로이 편입되어 이후의 새로움 창출을 위한 기초 자원이 되는 과정을 예시한다(김희진, 2022: 406).

덧붙여서, 쇤베르크가 자신의 무조성 음악에 대하여 혁명성을 부정하고 진화적 발전을 주장한 점 또한 시스템 모델이 제시하는 새로움에 대한 기본 아이디어를 이해하는 통로가 된다. 쇤베르크는 자신의 무조성 음악이 "무정부주의와 혁명적이라는 비난(accusations of anarchy and revolution)"에도 불구하고 그것은 오히려 "진화적 발전(evolution)의 산물"이라고 주장하였다(Schoenberg, 1975b: 86). 즉 그의 12음 기법 음악의 새로움은 기존의 음악에 뿌리를 둔 변이형으로서의 새로움이라는 것이다(김희진, 2022: 406).

우리는 쇤베르크의 12음 기법의 사례와 작곡가 쇤베르크 자신이 남긴 기록을 통하여 칙센트미하이가 그의 시스템 모델에서 문화영역과 새로움 창출의 관계에 대하여 설명한 바가 모순되거나 혹은 단지 이론적 구상에 지나지 않는 것이 아니며, 사례에 대한 실질적인 적용이 가능한 이론 모델이 될 수 있음을 확인하였다. 칙센트미하이의 시스템 모델의 기본적인 내용을 특히 문화영역과 새로움 창출의 관계를 중심으로 이해한 우리는, 이제 한발 더 나아가 이러한 이론적 이해가 융합의 관점에 시사하는 바는 무엇인지 함께 생각해 보기로 한다.

04 융합의 관점과 시스템 모델에 대한 진전된 논의

칙센트미하이의 시스템 모델 다이어그램에는 표상되지 않았지만, 그리고 칙센트미하이의 이론 모델 설명에서 간결하게 지나친 부분이지만, 문화영역의 복수성은 융합의 관점에서 볼 때 중요하게 다

루어야 할 대목이다. 칙센트미하이의 다이어그램에 단지 'Domain'
이라는 단어로 표상된 문화영역에 대하여 칙센트미하이는 실제로
그것이 기술, 음악, 수학, 종교 등 여러 영역을 포함한다고 기술하
였다.[3] 덧붙여서 그는 각각의 영역에는 그 하위 영역이 있음을 또
한 언급하였다(Csikszentmihalyi, 1988: 325~333; 1999: 314~321;
Csikszentmihalyi·Wolfe, 2000: 83~84).

　칙센트미하이의 다이어그램에 함축된 문화영역 내부의 구조를
고려할 때, 새로움 창출의 과정은 앞서 소개한 칙센트미하이의 설
명보다 한층 더 복합적인 양상을 띤다. 왜냐하면 다양한 복수 영역
의 총체로서의 문화영역을 전제로 할 때, 새로움의 창출은 특정 문
화영역에서 혹은 특정 문화영역의 하위 영역 내부에서의 변이형
창출로 이루어질 수도 있지만, 복수의 (하위) 문화영역으로부터의
자원이 결합되고 종합되는 과정으로부터 변이형의 창출이 이루어
질 수 있기 때문이다.

　후자의 경우 다른 어떤 경우보다 융합의 관점이 직접적으로 연
결되며, 칙센트미하이가 그의 저술에서 언급했던 '접근성'이 새로
움 창출에서 더욱 중요한 관건이 된다. 칙센트미하이는 "(문화영
역에 전승되는) 정보에 접근하지 못하는 사람은 그가 아무리 유
능하거나 숙련이 되었다 하더라도 창의적인 기여를 할 수 없다(A
person who has no access to this information will not be able to

---

3. 칙센트미하이는 자신의 글에서 'Domains'라는 복수형 명사를 쓰기도 했다.
　(Csikszentmihalyi·Wolfe, 2000: 88).

make a creative contribution, no matter how able or skilled the person otherwise is)"라고 보았다(Csikszentmihalyi, 1988: 330). 새로움 창출이 문화영역에 전승되는 자원을 기반으로 개인이 만들어내는 변이형이라고 간주하는 관점에서 보면, 문화영역 자원에의 접근성은 새로움 창출의 전제요건이다. 문화영역의 복수성과 (하위) 문화영역의 경계를 가로질러 전승 자원으로부터 새롭게 구성되는 변이형의 창출을 고려할 때, (하위) 문화영역 자원에의 접근성은 보다 민감한 사안으로 부상한다. 왜냐하면 서로 다른 (하위) 문화영역들 간의 분리와 그 사이의 높은 장벽은 특정 (하위) 문화영역에 전승되는 자원에의 외부로부터의 접근성을 제한하게 되며, 이는 결과적으로 복수의 (하위) 영역 자원의 종합에서 출발하는 새로운 변이형이 창출되는 계기를 제한하기 때문이다. 따라서 새로움 창출을 생각할 때 우리는 각 (하위) 문화영역 내 전승 자원으로의 접근뿐 아니라 외부에서 보다 수월하게 접근할 수 있는 방안을 모색할 필요가 있고, 이 지점에서 융합의 관점과 융합교육이 요구된다.

칙센트미하이는 문화영역과 새로움 창출의 관계에서 개인으로 하여금 가장 필수적인 문화영역의 자원을 습득하게 하는 것은 교육이라고 보았다(Csikszentmihalyi·Wolfe, 2000: 88). 물론 교육을 통한 전승 자원의 습득은 변이형으로서의 새로움 창출의 기초를 이룬다. 칙센트미하이는 학교교육 현장이 문화영역의 기본 내용 전수에 머물고 있음을 비판적으로 지적하기도 했지만, 그가 언급한 "학생들의 독창적 생각"에 명민하게 주의를 기울이는 "훌륭한 선생님들" 또한 학교에서 교육활동을 하고 있음을 간과하지 말아야 한다. 칙센트미하이는 학교교육 현실에 대하여 비판적 진단을 내리는 한편, "새로운 시적 표현의 창안과 더 나은 수학 계산 방식"의 시도와 같은 학습 과정에서 진정한 의미의 혁신을 향한 준비 과정으로서의 의미를 찾기도 한다(Csikszentmihali·Wolfe, 2000: 168).

문화영역의 정보와 자원의 전수로부터 가치 있는 새로움의 창출로 이행해 가는 학습의 과정을 위하여 칙센트미하이는 학교교육에서 교과목들의 연계를 제안한다. 그는 새로운 문제의 발견이 자주 분과학들의 접점에서 이루어지므로 교과목 간의 지나친 벽은 새로운 생각의 발현을 저해한다고 본다. 따라서 그는 교과목 각각의 정체성뿐 아니라 교과목들의 상호연결성과 상호작용을 반영하는 교육과정의 편성을 위하여 노력을 경주할 것을 강조한다(Csikszentmihali·Wolfe, 2000: 177).

그런데 칙센트미하이의 설명에 융합교육이 새로움 창출의 견지에서 참고할 내용이 충분히 담겨 있지는 않다. 예를 들면 복수의 문화영역 자원의 종합에서 비롯되는 변이형으로서의 새로움이 단일한 영역 내에서 만들어지는 변이형으로서의 새로움과 어떤 차이를 가지며, 그 창출 과정에서 극복해야 할 난제에는 어떠한 차이가 있는지, 그리고 복수의 문화영역의 경계를 가로질러 만들어지는 유형의 새로운 변이형 창출의 필요성은 무엇인지, 그리고 교육은 이들 사안에 실제로 어떻게 접근하여야 하는지 등에 대한 것이다.

하지만 칙센트미하이의 이론 모델은 적어도 교과 교육과 융합교육이 새로움의 창출이라는 견지에서 볼 때 상호보완의 관계에 있다는 점을 이해하도록 돕는다. 각 교과 교육은 학습자가 각 문화영역에서 전승되는 자원에 접근하는 첩경이며 새로운 변이형을 창출하도록 이끈다. 한편 융합교육은 변이형의 창출이 교과 교육의 경계에서 멈추지 않고 각 문화영역의 지식과 자원을 연결하고 종합하는 단계의 변이형 창출이 보다 충실하고 역동적으로 이루어지도록 이끈다. 다시 말해 새로움 창출의 관점에서 볼 때, 융합교육은 문화영역의 필수적인 정보와 자원의 체계적 전달을 포함하는 교과 교육과 상충하거나 그것을 부정하는 위치에 있지 않다. 필수적인 문화영역 자원의 습득을 전제로 하여 변이형으로서의 새로움 창출이 가능하고, 융합교육은 교과 교육에서 이루어지는 체계적인 정보와 자원의 습득을 전제로 한다. 그리고 융합교육은 서로 다른 영역 자원들을 종합적으로 고려하는 풍부한 기회와 이를 통하여 새로움을 창출하는 소양을 기르는 기회를 적극적으로 제공하여, 새로움 창출의 외연을 확장하고 다양화한다. 즉 새로움 창출의 견지에서 볼 때, 교과 교육과 융합교육은 병존하고 상호 의존하면서 새로움 창출의 동력을 강화하는 관계에 있다.

05 새로움의 이해와 융합교육의 실천

이상에서 새로움 창출에 대한 칙센트미하이의 시스템 모델을 소개하고, 칙센트미하이의 시스템 모델에 대한 구체적 이해를 도모하기 위하여 쇤베르크의 12음 기법 음악을 예로 들어 설명하였다. 칙센트미하이가 그의 시스템 모델에서 제시한 새로움 창출에 대한 사회문화적 접근은, 새로움 창출을 개인 내면의 과정으로 설정하여 개인의 신비화로 흐르는 것에서 벗어나게 하며, 인지 과정과 심리 과정에 집중하는 새로움의 연구가 과학적 검증이 채 안 된 부분을 남겨 둔 채 미비한 설명에 그치는 것을 보완하는 시각을 제공한다. 그리고 칙센트미하이의 이론 모델은 새로움 창출을 결과물 중심으로 대상화하는 관점을 보완하고 그 과정적 이해를 돕는다.

이 장에서는 칙센트미하이의 이론 모델 설명 중 특히 새로움을 각 분야에서 축적되고 전승되는 정보와 자원의 총체를 지칭하는 문화영역과의 관계에서 설명한 대목에 초점을 두어 그의 이론을 검토하였다. 문화영역에 전승되는 필수 자원에의 체계적 접근을 도모하는 교과 교육이 전승 자원의 변이형으로서의 새로움 창출의 기초를 이루는 반면, 문화영역의 복수성을 고려할 때 융합의 관점과 융합교육은 새로움 창출의 계기 확장에 기여한다는 점에서 교과 교육과 융합교육은 결코 상충적인 대척점에 있지 않고 상호 보완의 관계에 있음을 강조하였다.

지면의 제한으로 인하여 칙센트미하이의 시스템 모델을 소개하면서 사회적 장에 대한 설명은 소략히 다루었으나, 사회적 장이 새로움 창출을 추동하는 힘을 발휘한다는 칙센트미하이의 논점은 융합의 관점과 교육의 관점에서 간과할 수 없는 대목이다. 칙센트미하이는 사회적 장을 통하여 가치 있는 새로움이 선별되어 문화영역의 전수 자원이 새롭게 구조화될 뿐 아니라, 사회적 장이 개인으로 하여금 새로운 것을 만들어 내도록 고무하고 격려하는 힘을 발휘함을 그의 이론 모델에서 보여 주었다.

21세기 한국 사회에서 사회적 장은 새로움 창출에 유리한 조건으로 작동 중인 것으로 보인다. 이 장의 서두에서 언급한 바와 같이 한국 교육의 담당자들은 국가 수준의 교육과정에서 융합과 관련하여 새로움 창출을 핵심 사안으로 제시하고 있다. 새로움 창출을 강조하는 융합 관련 전공과 교과목을 설치하고 있는 다수의 고등교육기관, 마찬가지의 강조점을 두고 전공과 강좌를 제공하는 교원 교육기관, 유사한 강조점을 가진 학생 교육 프로그램이나 문화 프로그램을 운영하는 지방자치단체와 기타 기관들, 그리고 이러한 관점에서 교육을 연구하고 실천하는 행정과 정책 전문가, 교사, 연구자 등 모두가 새로움 창출을 추동하는 사회적 장의 일부를 구성한다.

새로움 창출에 대한 우리의 시각은 개인이 만들어 낸 결과물에 머무는 것에서 나아가, 사회적 장에 포진한 국가, 기관, 단체, 개인들이 함께 추동해 내는 과정에 대한 관심으로 이어질 필요가 있다.

사회적 장에서 작동하고 있는 다양한 주체들의 역학관계 속에서 산업계의 요구나 경제적 논리에 따른 새로움 창출 추구와 역학적 균형을 이루면서, 교육의 목적에 충실하게 새로움 창출을 고려하는 융합교육에 대한 전망을 공동의 노력으로 세워 나갈 필요를 강조하며 이 장을 마무리한다.

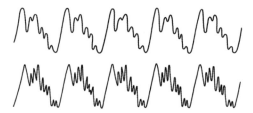

유아교육과 융합교육 모두 단순히 지식과 기술을 제공하는 것이 아니라 학습자의 창의력과 문제해결력을 키우는 데 목적이 있다. 유아교육에서의 초점은 아이들에게 인지적·사회적·정서적·신체적 발달을 촉진하는 경험을 제공하는 것에 있다. 마찬가지로 융합교육은 학습자에게 삶의 다양한 분야를 경험할 수 있는 기회를 제공하는 것을 목적으로 하며, 이는 학습자가 다양한 기술과 역량을 개발하는 데 도움이 될 수 있다. 두 경우 모두 교사는 학습자의 발전을 지원하고 사회구성원으로서의 잠재력을 최대한 발휘할 수 있도록 돕는 중요한 역할을 한다.

8장

유아기부터 시작되는 융합교육

- 김경철·이민영 -

국내 융합교육은 2011년 교육과학기술부가 '과학기술예술 융합 STEAM 교육 활성화 방안'을 발표한 후, 융합인재교육 또는 STEAM(Science, Technology, Engineering, Mathematics, and Atrts) 교육이라는 명칭으로 학교교육 현장에서 활발히 시행되어 왔다. 4차 산업혁명과 생각 기반 사회로 변화하는 세상에서 '융합 및 융합교육'은 문제해결력과 창의력을 지닌 인재를 양성하기 위한 하나의 교육 방법이자 교육 방식이다(곽영숙·이새롬 외, 2020).

융합교육이란 과학, 기술, 공학, 예술, 수학이 서로 관계를 맺으며 연결된 새로운 접근 방식의 교육(송민서·김형재, 2016)으로서, 여러 학문을 유기적으로 연계하여 실행하는 맥락에서 문제해결을 위한 수업의 혁신(백성혜·김상인, 2019)이라고 할 수 있다. 융합의 개념을 바탕으로 2개 이상의 교과나 학문을 단순히 통합하는 것뿐만 아니라 2개 이상의 교과나 학문에서 요구하는 지식, 기능, 태도 등을 완전히 분리하여 하나의 새로운 교과나 학문을 만들 수 있는 것이다(신재한, 2013). 이 외에도 융합교육을 바라보는 시각은 연구자마다 다양하고 한 가지 명확한 개념으로 정의하기는 어려우나, 다수의 공통된 관점을 정리하자면 교과목이나 교육 분야간의 내용 및 교수-학습방법 등이 유기적 관계를 맺는 과정을 통해 학습자가 새롭게 생각하고 스스로 문제를 해결할 수 있는 생활 속 맥락 중심의 교육인 것이다.

　이러한 측면에서 볼 때 융합교육은 유아교육의 성격과도 매우 닮았음을 발견하게 된다. 즉 초·중등교육에서 주로 다뤄지는 융합교육의 모습이 유아교육에서도 역시 나타나고 있을 뿐만 아니라, 유아교육의 방향 및 목적과도 맥을 같이한다고 볼 수 있다. 유아교육의 중요성과 필요성의 근간이 되는 교육의 '기초성' 및 '적기성'을 고려한다면, 미래 사회의 역할과 책임을 다하는 구성원을 양성하기 위한 융합교육은 유아기부터 이루어져야 할 필요가 있다. 따라서 이 장에서는 유아교육의 배경과 교육과정 속에 함축되어 있던 융합교육의 모습을 발견하고, 실제 유아교육 현장에서 실행된 융합교육의 사례를 제시하고자 한다.

02　유아교육에서 발견한 융합교육의 모습

유아교육의 배경과 융합교육

융합인재교육이라고 불리는 STEAM 교육은 미국 기술 공학계의 인력 부족과 국가안보 및 과학기술에 대한 위기의식에서 벗어나고자 하는 사회적 배경 아래 미국의 학교교육에서부터 시작되었다(강경희, 2018). 교육의 실천은 국가의 사상과 사회문화적 맥락이 반영된 것이므로, 바람직한 교육이 실행되기 위해서는 그 배경에 대하여 이해할 필요가 있다. 이에 융합교육의 특성이 잠재된 유아교육의 의미와 가치를 이해하기 위하여 오늘날 유아교육의 배경에 담긴 융합교육과의 공통분모를 탐색하고자 한다.

유아교육의 개념 및 사상

유아교육은 출생에서부터 초등학교 취학 전 유아의 정신적·신체적 성장과 발달을 도와주는 일련의 과정으로, 어떠한 철학을 가지고(교육 목적), 어떤 것을(교육 내용), 어떻게(교육 방법) 지원하며, 이러한 과정이 적절하였는가(교육 평가)를 내포하고 있다(지옥정·김수영 외, 2021). 유아교육의 목적은 유아 개개인이 가지고 있는 잠재능력을 최대한 계발하여 성장하도록 돕고, 부모가 가정에서 유아를 전인적으로 기를 수 있도록 다양한 방법으로 지원하며, 유아들이 민주시민으로서의 소양을 갖출 수 있도록 다양한 사회적 경험을 제공하고, 국가의 인적자원이 될 수 있도록 잠재능력을 최대한 계발하는 것이다. 무엇보다 유아교육은 유아가 중심이 되는 교육이어야 한다.

유아교육이 처음부터 이러한 성격을 띠며 시작된 것은 아니다. 고대 그리스의 유아교육은 독립성이 강하고 엄격한 연대감으로 스파르타식의 교육이 이루어졌으며, 중세에는 신앙 교육을 바탕으로 아동을 성인의 축소판으로 여겼다. 이어지는 근세 실학주의 시대에 들어서면서부터 코메니우스와 로크, 계몽주의 시대의 루소와 신인문주의의 페스탈로치, 프뢰벨 등 저명한 교육학자들이 유아와 아동이라는 인격체에 관심을 가지고 그에 맞는 교육을 제시하기 시작하였다. 20세기에 들어서며 민주화를 통한 교육의 기회 균등이 주목을 받으면서 민주주의 교육사상이 확립되었고, 오늘날까지 이어지고 있는 현대의 유아교육 사상은 학생 중심, 생활 중심, 활동 중심, 참여식 교수법으로 변화를 시도하였다. 대표적인 교육사상가로는 존 듀이(John Dewey)와 마리아 몬테소리(Maria Montessori)가 있다.

이와 같이 시대의 흐름에 영향을 받아 구분된 서양의 유아교육 사상과는 달리, 우리나라의 유아교육은 시대마다 영향을 미친 유교, 불교, 천도교를 중심으로 흐름의 특징을 살펴볼 수 있다.

유교적 입장에서는 유아교육을 성인의 모범을 통한 교육, 앎과 행함의 일치를 통한 교육, 깊이 생각하고 문답법을 활용하는 교육의 방법으로 다루었으며, 불교에서의 유아교육은 깨달음과 생명 존중 원리에 따라 인지적인 발달보다 사람의 근본을 먼저 다루도록 시행되었다. 마지막으로 동학이라고도 불리는 천도교 사상에서는 유아를 한울, 즉 자유로운 존재로 보았으며, 소파(小波) 방정환(方定煥)은 자발성과 흥미를 통한 교육, 실물과 감각 및 놀이를 통한 교육, 발달 수준에 맞는 교육 등의 유아교육 방법을 주장하였다. 이는 오늘날 우리나라 유아교육의 근간이 되고 있으며, 지대한 영향력과 시사점을 행사하고 있는 바이다.

유아교육의 방향

유아교육이 나아가야 할 방향성을 교육의 목적 측면과 방법 측면을 반영하여 다루자면 '전인발달'과 '놀이'로 설명할 수 있다. 유아교육의 가장 궁극적인 목적은 유아의 '전인발달'이라고 볼 수 있으며, 이는 '놀이'를 통한 교육으로 달성되어야 한다. 유아는 놀면서 자라게 되고, 놀이는 유아의 발달과 학습을 성취하게 하는 주요 매개체가 된다. 놀이를 통해 유아의 신체, 인지, 언어, 사회성, 정서발달의 통합을 이룰 수 있으며, 각 영역에서의 세부 목표들을 달성하고 이들이 서로 융합되어 시너지 효과가 나타날 때 전인적으로 성장할 수 있다.

유아의 놀이는 긍정적인 감정으로 경험되어야 하고, 자유롭게 선택할 수 있어야 하며, 과정 중심적이고, 내적인 동기에 의해 그 자체로 의미 있는 것이어야 한다. 유아는 스스로 놀이를 통해 자기 주변 세계를 탐색하고 이해할 수 있게 되며, 습득한 지식을 활용하는 기술과 올바른 태도를 기름으로써 주체적으로 전인발달의 밑거름을 쌓아 나갈 수 있다.

유아교육의 본질에서 발견한 융합교육

앞서 유아교육의 사상과 방향성으로 살펴본 유아교육의 배경에서 우리는 융합교육과의 공통된 모습을 발견할 수 있다. 오늘날까지 국내 유아교육에 큰 영향을 미치고 있는 동·서양 학자들의 사상을 중심으로 융합교육과의 교집합적인 모습을 제시하자면, 듀이와 방정환의 의견에 빗대어 볼 수 있다.

듀이의 교육사상은 우리나라 유아교육 과정의 이론적 밑바탕이 되고 있으며, 그 주요 키워드로는 '경험'과 '반성적 사고'를 떠올리게 된다. 인간과 환경과의 상호작용으로서 '경험'은 상대적으로 늘 변화하는 것이며, 교육은 생활 그 자체로 보는 것이다. 유아교육 과정은 생활에서 경험할 수 있는 것을 중심으로 구성되어야 하며, 유아의 상대적인 경험을 중시하고 맥락 속에서 이를 이해해야 한다. 유아가 직접 행하는 과정에서 나타나는 배움에서는 흥미가 중요시되며, 문제 상황에서는 '문제의 자각-명료화-조사-가설의 정리-가설 검증'의 '반성적 사고'를 거쳐야 한다고 하였다. 또한 천도교 사상을 바탕으로 한 방정환은 아동 중심 교육을 통해 교육 목적의 측면에서 지(智)·덕(德)·체(體)·정(情)을 고루 갖춘 전인적 인간을 키우고자 하였고, 내용의 측면에서 애국교육, 예술교육, 도덕교육을 강조하여 우리 문화와 전통에 기반을 둔 전인적인 사람을 양성하고자 하였다. 더불어 천도교에서는 인간의 존엄성을 기반으로 스스로 혹은 타율에 의해서 깨쳐 알고, 공동선을 향해 노력하여 조화로운 세상을 만들어 가는 것을 강조하였다.

이러한 사상을 배경으로 유아교육이 나아가야 할 '놀이를 통한 주체적인 전인발달'의 도모 역시, 융합교육에서 제시하는 '경험을 통한 개인의 성장 및 창의성 향상을 돕는' 융합의 기능(백성혜·오세라 외, 2017)과 맥을 같이한다고 볼 수 있다.

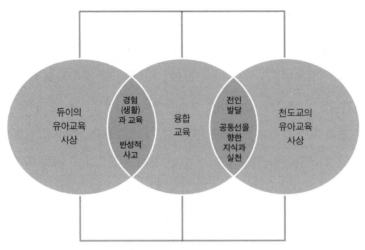

〈그림 1〉 '놀이'를 통해 주체적인 '전인발달'을 도모하는 유아교육

유치원 교육과정과 융합교육

유아교육은 교과목으로 분절되는 초·중등 교육과정과 달리 생활 중심·주제 중심의 교육과정으로 운영된다. 초·중·고등학교 교육과정을 위주로 국가적 차원에서 활발히 시도되던 융합인재교육은 오늘날 유아교육 분야에서도 그 필요성과 방안이 활발히 제기되고 있으며, 이제는 유치원에서 초·중·고등학교까지 융합인재교육의 연계성과 지속성이 확보되어야 하는 당위성이 논의되고 있다(장명림, 2015). 이에 유아교육에서 융합교육으로의 방향성을 모색하기 위하여 유아교육 과정에 내포된 융합교육의 모습을 제시하고자 한다.

유치원 교육과정의 변천

우리나라의 유아교육 과정은 1969년에 처음으로 제1차 유치원 교육과정이 제정·공포됨으로써 국가 수준 유치원 교육과정의 모습을 띠기 시작하였다. 이어서 제2차~제6차 유치원 교육과정이 개정, 발표되었으며, 2007 개정 유치원 교육과정에 이어 2012년부터는 만 5세 유아를 대상으로 누리과정이 도입되었다. 2011년에 제정되어 2012년부터 시행된 누리과정은 영유아기 발달의 중요성에 다시금 주목하며 영유아의 교육과 보육에 대한 국가의 책무성을 강조하였다.

'누리'란 '세상'을 의미하는 순우리말로, 누리과정은 국가가 책임지는 교육과 보육을 통해 유아들이 행복한 세상을 열어 가고 꿈과 희망을 마음껏 누리도록 하겠다는 취지를 담고 있다. 어린이집의 경우, 현재 3-5세 유아를 대상으로 하는 누리과정과 0~2세를 대상으로 하는 표준 보육과정을 운영하고 있으나, 이 장에서는 3~5세 유아를 대상으로 운영되어 온 유치원 교육과정으로 다루기로 한다.

유치원 교육과정의 변천 과정에 나타난 유아 교육의 특성과 성격을 정리하면 다음의 〈표 1〉과 같다.

〈표 1〉 유치원 교육과정의 변천 과정

구분		특징
제1차(1969)		5개 생활영역(건강, 사회, 자연, 언어, 예능)
제2차(1979)		사회-인지 순으로 중요시함. · 4개 발달영역으로 구성 변경(사회·정서발달, 인지발달, 언어발달, 신체발달 및 건강)
제3차(1981)		사회·정서가 정서로 분리되고, 신체 발달 영역의 순위가 조정됨. · 5개 발달 영역으로 세분화(신체발달, 정서발달, 언어발달, 인지발달, 사회성발달)
제4차(1987)		교육목표 항목 진술에 목표와 내용을 함께 포함 · 5개 발달 영역(제3차와 동일)
제5차(1992)		'교육과정 영역' 명칭 사용 시작 · 기본 생활교육 및 사회적 관계 강조 · 5개 생활영역으로 변경(건강생활, 사회생활, 표현생활, 언어생활, 탐구생활)
제6차(1998)		5개 생활영역(제5차와 동일)
2007 개정		영역별 내용 체계의 개선 및 '지도상의 유의점' 추가 · 수준별 교육 내용의 적정화 · 초등학교 교육과정과의 연계성 강화 · 5개 생활영역(제6차와 동일)
누리 과정	5세(2011)	5개 영역(신체운동·건강, 의사소통, 사회관계, 예술 경험, 자연 탐구)
	3~5세 연령별 (2012)	※2015 개정 교육과정: 편성·운영 시간만 변경 　(1일 3~5시간→4~5시간)

2019 개정 누리과정

2019년에 개정된 누리과정은 역량 중심의 미래 사회에 부응하는 교육과정으로, 2020년부터 유치원과 어린이집 현장에서 시행되고 있다. 국가 수준의 공통 교육과정으로서의 구성 체계를 확립하였고, 유아 중심·놀이 중심 교육과정의 특성을 가지며, 현장의 자율성을 확대하고 교사의 실행력을 지원하는 교육과정이다.

2019 개정 누리과정의 목적은 유아가 놀이를 통해 심신의 건강과 조화로운 발달을 이루고 바른 인성과 민주시민의 기초를 형성하는 데에 있으며, 이를 실현하기 위한 목표 다섯 가지를 제시하고 있다. 또한 3~5세 모든 유아에게 적용되는 교육과정으로서 유아가 경험해야 할 내용과, 0~2세 보육 과정 및 초등학교 교육과정과의 연계성을 고려하여 구성되었다. 이러한 모든 내용은 유아의 놀이가 가지는 본질과 가치를 중심으로 구성되며, '놀이'는 유아가 세상을 경험하고 배워 가는 무궁무진한 방식이다. 유아가 주도하는 놀이는 특정 영역이나 분야에 국한되지 않고 시공간을 초월하여 다양한 조합과 결합의 모습으로 나타나며, 이를 통해 배움의 결과물을 얻을 뿐만 아니라 사회의 구성원으로 성장해 갈 수 있게 되는 것이다.

이에 2019 개정 누리과정에서는 국가 수준의 공통 기준이 최소화되고 교사의 자율성과 다양성이 존중되면서 유아가 경험하는 놀이 맥락 속에서의 배움이 강조되는 특징이 나타난다. 교사 중심이 아니라 학습자가 중심이 되어 배움이 일어나며, 교사는 일상 속에서 유아의 놀이를 통한 배움을 교육 내용과 연결하여 이해하고 지원하는 역할을 맡는다. 기존에 고정되어 있던 흥미 영역은 자율적이고 개방적으로 조정함으로써 영역에 갇히지 않는 다양하고 자유로운 경험과 놀이가 배움으로 이어질 수 있으며, 5개 영역의 교육 내용은 유아의 흥미와 수준이 반영된 놀이를 통해 통합적으로 구성될 수 있다. 2019 개정 누리과정은 궁극적으로 유아의 전인적 발달과 행복을 추구하는 교육과정을 지향하며, 이 과정에서 유아는 스스로 선택하고 결정에 따른 책임을 지는 자율성과, 주변을 탐색하며 자신만의 방식으로 놀이를 변형하고 창조하는 창의성을 신장할 수 있다.

유아교육 과정에서 발견한 융합교육

유아교육 과정의 변천 과정으로 살펴본 유치원 교육의 특성에서는 융합교육의 모습을 발견할 수 있다. 그간의 유아교육 과정 속에서 찾아볼 수 있는 융합교육적 성격을 정리하면 다음 〈그림 2〉와 같다.

현재 유아교육 현장에서 시행되고 있는 2019 개정 누리과정을 좀 더 자세히 살펴보면, 역시 그 구성과 성격에서 융합교육과의 교집합적인 모습이 나타나 있다. 미래 사회에 부응하기 위해 역량이 중심이 되는 최근 국내외 교육과정의 일환으로서, 지식이 많은 사람보다는 지식을 잘 활용하는 사람, 다른 사람과 함께 살아가는 바른 인성과 창조적 사고를 갖춘 사람으로 성장시키기 위한 의도가 담겨 있는 것이다. 이를 위해 2019 개정 누리과정은 다섯 가지의 인간상을 추구하고 있으며, 추구하는 인간상에 도달하기 위한 목적 및 목표가 수립되어 있고, 유아의 배움은 신체운동·건강, 의사소통, 사회관계, 예술 경험, 자연 탐구의 5개 영역을 통해 이루어진다(교육부·보건복지부, 2019).

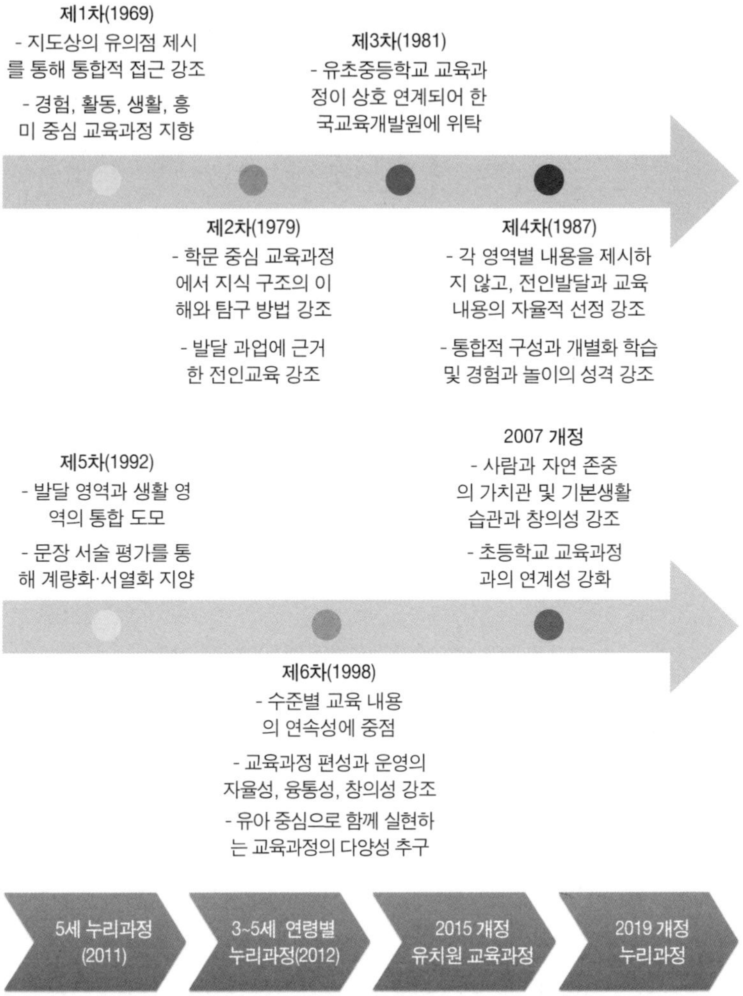

제1차(1969)
- 지도상의 유의점 제시를 통해 통합적 접근 강조
- 경험, 활동, 생활, 흥미 중심 교육과정 지향

제3차(1981)
- 유초중등학교 교육과정이 상호 연계되어 한국교육개발원에 위탁

제2차(1979)
- 학문 중심 교육과정에서 지식 구조의 이해와 탐구 방법 강조
- 발달 과업에 근거한 전인교육 강조

제4차(1987)
- 각 영역별 내용을 제시하지 않고, 전인발달과 교육 내용의 자율적 선정 강조
- 통합적 구성과 개별화 학습 및 경험과 놀이의 성격 강조

2007 개정
- 사람과 자연 존중의 가치관 및 기본생활습관과 창의성 강조
- 초등학교 교육과정과의 연계성 강화

제5차(1992)
- 발달 영역과 생활 영역의 통합 도모
- 문장 서술 평가를 통해 계량화·서열화 지양

제6차(1998)
- 수준별 교육 내용의 연속성에 중점
- 교육과정 편성과 운영의 자율성, 융통성, 창의성 강조
- 유아 중심으로 함께 실현하는 교육과정의 다양성 추구

| 5세 누리과정 (2011) | 3~5세 연령별 누리과정(2012) | 2015 개정 유치원 교육과정 | 2019 개정 누리과정 |

- 기본생활습관과 창의·인성 교육을 강조하되, 이를 별도의 영역으로 구분하지 않고 누리과정 전 영역에서 강조 → 기본생활습관, 창의·인성 교육을 전통문화와 함께 특정 영역이 아닌 필요한 모든 영역에서 고루 다루도록 함.
- 교과 위주의 인지적인 학습활동보다는 유아가 민주시민으로 성장하는 데에 필요한 기본 소양과 능력을 기를 수 있는 내용으로 선정
- 전인발달이 고루 이루어진 창의적 인재를 기르는 데 중점

〈그림 2〉 유아교육 과정에 내포된 융합교육적 성격

〈그림 3〉에서 융합교육의 모습을 발견하면 다음과 같다.

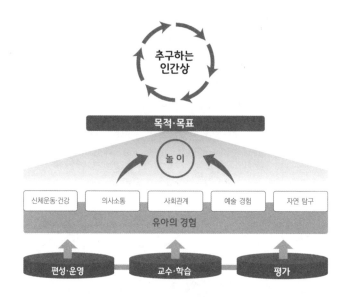

〈그림 3〉 개정 누리과정 구성(교육부·보건복지부, 2019)

유아의 경험은 5개 영역의 내용으로 분절되어 있는 것이 아니라, 일상생활 속 5개 영역에 기쳐 통합직으로 일어나고 있으며, 유아 개개인의 경험과 배움은 5개 영역으로 분리될 수 없다는 점을 발견하게 된다. 다시 말해 유아의 삶이라고 할 수 있는 경험이자 놀이는 한 가지 영역의 내용으로 분석되는 것이 아니라, 다양한 영역에서의 배움으로 결합되어 이어지는 것이다. 또한 교육목표 역시 5개 영역 각각의 목표와 일대일 대응 관계가 아니라, 59개 교육 내용에 고르게 분포되어 있다는 점에서 5개 영역을 통합적으로 이해해야 할 필요가 있음을 확인할 수 있다. 초·중등교육에서 구분 짓고 있는 교과목을 누리과정에서의 5개 영역으로 비추어 볼 때, 유아교육에서도 여러 분야의 경험과 학습이 연계되어 유기적인 관계를 맺고 있다는 점을 융합교육과의 공통점이라고 볼 수 있으며, 이는 곧 일상생활 속에서 또 다른 맥락에 적용하여 새로운 배움으로 확장할 수 있음을 시사한다.

추구하는 인간상				
건강한 사람	자주적인 사람	창의적인 사람	감성이 풍부한 사람	더불어 사는 사람
목표				
자신의 소중함을 알고, 건강하고 안전한 생활 습관을 기른다.	자신의 일을 스스로 해결하는 기초능력을 기른다.	호기심과 탐구심을 가지고 상상력과 창의력을 기른다.	일상에서 아름다움을 느끼고 문화적 감수성을 기른다.	사람과 자연을 존중하고 배려하며 소통하는 태도를 기른다.
↘↗↘ ↕ ↗↘↘ ↕ ↗↘↘ ↕ ↗↘↗				
5개 영역				
신체운동·건강	의사소통	사회관계	예술 경험	자연 탐구

〈그림 4〉 개정 누리과정에서 추구하는 인간상, 목표, 5개 영역과의 연계성
(교육부·보건복지부, 2019)

03 유아교육에 적용한 융합교육 모델

융합교육의 모형은 관점에 따라 여러 가지로 분류할 수 있는데, 그중 한 가지는 여러 학자의 관점에 따라 달라지는 교육과정 통합

유형에 근거하여 융합교육 모형을 살펴보는 것이다. 8장에서는 수
잔 드레이크(Susan M. Drake)의 통합 유형에 따라 융합교육의 실제
를 소개하고자 한다. 드레이크는 학문이 연결되는 방식에 따라 교
육과정 통합을 분류(Drake, 1993)하였으며, '다학문적→간학문적→
탈학문적 통합'으로 갈수록 그 정도가 강해진다고 하였다. 다학문
적 접근은 하나의 주제에 대한 여러 교과나 학문 분야의 관계로 접
근하는 것을 말하고, 간학문적 접근은 각각의 학문 분야에서 공통
적인 학습 요소에 초점을 두는 것, 탈학문적 접근은 간학문적 기능
과 학문 분야별 기능을 실생활의 맥락에 적용하는 접근을 말하며,
이를 그림으로 나타내면 다음과 같다(곽영숙·이새롬 외, 2020).

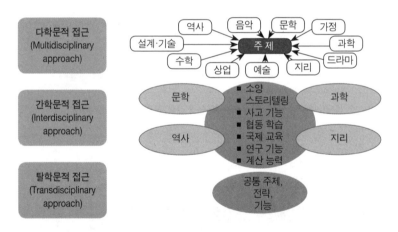

〈그림 5〉 수잔 드레이크의 다학문적 접근, 간학문적 접근, 탈학문적 접근

이러한 관점에서 볼 때 유아교육 현장에서의 실제 사례를 융합
교육에 비추어 소개하면 다음과 같다.

다학문적 접근(Multidisciplinary approach)

모형	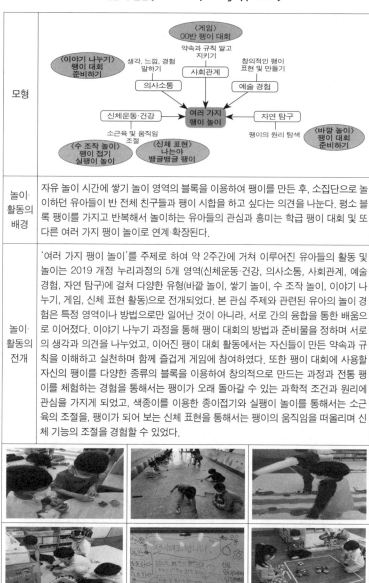
놀이·활동의 배경	자유 놀이 시간에 쌓기 놀이 영역의 블록을 이용하여 팽이를 만든 후, 소집단으로 놀이하던 유아들이 반 전체 친구들과 팽이 시합을 하고 싶다는 의견을 나눈다. 평소 블록 팽이를 가지고 반복해서 놀이하는 유아들의 관심과 흥미는 학급 팽이 대회 및 또 다른 여러 가지 팽이 놀이로 연계·확장된다.
놀이·활동의 전개	'여러 가지 팽이 놀이'를 주제로 하여 약 2주간에 거쳐 이루어진 유아들의 활동 및 놀이는 2019 개정 누리과정의 5개 영역(신체운동·건강, 의사소통, 사회관계, 예술 경험, 자연 탐구)에 걸쳐 다양한 유형(바깥 놀이, 쌓기 놀이, 수 조작 놀이, 이야기 나누기, 게임, 신체 표현 활동)으로 전개되었다. 본 관심 주제와 관련된 유아의 놀이 경험은 특정 영역이나 방법으로만 일어난 것이 아니라, 서로 간의 융합을 통한 배움으로 이어졌다. 이야기 나누기 과정을 통해 팽이 대회의 방법과 준비물을 정하며 서로의 생각과 의견을 나누었고, 이어진 팽이 대회 활동에서는 자신들이 만든 약속과 규칙을 이해하고 실천하며 함께 즐겁게 게임에 참여하였다. 또한 팽이 대회에 사용할 자신의 팽이를 다양한 종류의 블록을 이용하여 창의적으로 만드는 과정과 전통 팽이를 체험하는 경험을 통해서는 팽이가 오래 돌아갈 수 있는 과학적 조건과 원리에 관심을 가지게 되었고, 색종이를 이용한 종이접기와 실팽이 놀이를 통해서는 소근육의 조절을, 팽이가 되어 보는 신체 표현을 통해서는 팽이의 움직임을 떠올리며 신체 기능의 조절을 경험할 수 있었다.

간학문적 접근(Interdisciplinary approach)

모형	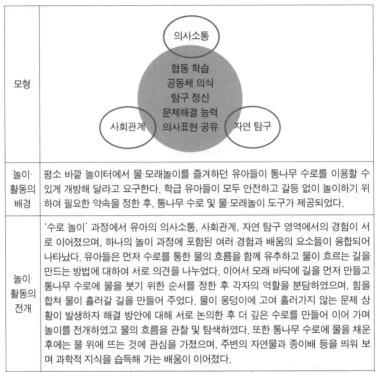
놀이· 활동의 배경	평소 바깥 놀이터에서 물·모래놀이를 즐겨하던 유아들이 통나무 수로를 이용할 수 있게 개방해 달라고 요구한다. 학급 유아들이 모두 안전하고 갈등 없이 놀이하기 위하여 필요한 약속을 정한 후, 통나무 수로 및 물·모래놀이 도구가 제공되었다.
놀이· 활동의 전개	'수로 놀이' 과정에서 유아의 의사소통, 사회관계, 자연 탐구 영역에서의 경험이 서로 이어졌으며, 하나의 놀이 과정에 포함된 여러 경험과 배움의 요소들이 융합되어 나타났다. 유아들은 먼저 수로를 통한 물의 흐름을 함께 유추하고 물이 흐르는 길을 만드는 방법에 대하여 서로 의견을 나누었다. 이어서 모래 바닥에 길을 먼저 만들고 통나무 수로에 물을 붓기 위한 순서를 정한 후 각자의 역할을 분담하였으며, 힘을 합쳐 물이 흘러갈 길을 만들어 주었다. 물이 웅덩이에 고여 흘러가지 않는 문제 상황이 발생하자 해결 방안에 대해 서로 논의한 후 더 깊은 수로를 만들어 이어 가며 놀이를 전개하였고 물의 흐름을 관찰 및 탐색하였다. 또한 통나무 수로에 물을 채운 후에는 물 위에 뜨는 것에 관심을 가졌으며, 주변의 자연물과 종이배 등을 띄워 보며 과학적 지식을 습득해 가는 배움이 이어졌다.

탈학문적 접근(Transdisciplinary approach)

모형	
놀이· 활동의 배경	○○반에서는 연중 환경교육을 지속·반복적으로 진행하고 있으며, 이는 특정한 활동 시간뿐만 아니라, 일과 중에 일상생활과 놀이를 통해 자연스럽게 전개된다. 환경교육은 한 가지 목적과 내용만을 담고 있지 않으며, 어느 한 영역으로만 진행되는 것이 아니라, 유아의 경험과 상황 및 흥미와 요구를 반영하여 삶의 맥락에 맞게 실시한다.
놀이· 활동의 전개	지구를 지키고 보호하자는 취지의 환경교육이 유아들과 함께 만들어 가는 교육과정 속에서 전개되는 모습을 몇 가지 사례로 살펴보면 다음과 같다. 첫째, '음식 남기지 않기 캠페인'은 학기 초 환경교육뿐만 아니라 유아 식생활 교육과 연계하여 시작되었으며, 연중 급·간식 시간을 통하여 매일 유아 스스로 실천하고 있는 활동이다. 내가 남기는 음식이 지구에 어떤 환경 문제를 가져오게 되는지, 이를 막기 위해 유아가 직접 실천할 수 있는 식생활 습관을 고민하였고, 이를 전하는 게시물을 제작 및 부착하여 다른 반 또래들에게도 안내하였다. 또한 잔반을 남기지 않고 다 먹은 유아는 사진과 함께 기록을 남겨 '지구 지킴이'로 임명한다. 둘째, '텃밭 가꾸기' 시간은 유아에게 자연을 존중하고 사랑하는 환경보호의 마음을 가지게 할 뿐만 아니라, 자연 속에서 정서적 안정과 심미감을 느낄 수 있는 생태 활동으로도 전개되었다. 텃밭 가꾸기는 계절이나 날씨, 유아의 경험과 같은 사회환경적 맥락을 반영하여 연중 실시되었고, 나아가 자연을 관찰하고 탐구하며 과학적 과정도 함께 배워 갈 수 있었다. 셋째, '주변의 쓰레기 줍기'는 환경교육에 따른 유아의 자발적 실천이자 바깥 놀이의 마무리로서, 유아들이 직접 환경보호 방안을 모색하고 행동으로 옮기며 전개되었다. 이는 유치원에서뿐만 아니라 가정에서의 실천으로도 연계되었고, 나아가 주변 환경을 바라보는 시각을 넓히며 유아가 경험하는 모든 일과와 삶에 확장 적용되는 모습을 보였다. 넷째, '재활용품 놀잇감 만들기'는 한 번 쓰고 버려지는 용품들을 놀이에 활용함으로써 매일매일 반복되는 자유 놀이 시간에 다양성과 창의성을 불러일으키는 환경교육의 일환이다. 유아들은 우유 팩, 휴지심, 요구르트 통, 과자 비닐, 택배 상자 등 자신이 생활 속에서 사용하고 남은 용품을 다시 사용할 수 있음을 알고, 직접 놀이에 활용할 수 있는 방안을 모색하여 자신만의 방식으로 표현하며 놀이를 전개해 갔다.

놀이·활동의 전개	다섯 번째, '하늘 거울 감상하기'는 자연과 주변 환경의 아름다움에 관심을 가지고 탐구·탐색할 수 있는 환경교육이자 과학 놀이로 전개되었다. 거울로 하늘을 비추며 걷는 시간은 유아의 자연친화적 태도뿐만 아니라 상상력과 심미감을 확장할 수 있게 하였으며, 친구가 하늘 거울을 보며 안전하게 걸을 수 있도록 서로 길잡이가 되어 주면서 협동심을 기를 수 있는 산책 시간이 되었다. 여섯 번째, '아름다운 노래'를 통한 음악 활동은 환경보호와 관련된 창작동요를 통하여 환경교육과 인성교육으로 연계하여 실시하였다. 「바다야 지켜줄게」, 「꽃을 꺾지 마세요」, 「아기 물고기의 소원」 등 자연과 환경 이야기를 노래로 감상하고 그 의미를 이해하는 과정에서 배움이 일어났으며, 노래 부르기나 악기 연주, 개사, 율동 만들기 등의 다양한 음악 놀이로도 전개되어 예술적 경험으로 이어졌다.

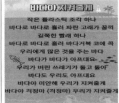

04 유아교육과 융합교육의 방향

이 장에서는 유아교육의 이론적 배경과 실제 교육 현장에 내포되어 있던 융합교육의 모습을 발견하고 소개함으로써, 두 가지 분야를 아우르는 교육적 가치와 지향점을 확인할 수 있었다. 유아교육과 융합교육은 생활 속에서 다양한 분야를 경험하는 배움의 과정을 통해 학습자가 단순한 지식과 기술의 습득보다는, 창의적인 사고를 펼치고 능동적인 문제해결 능력을 자연스럽게 습득해 갈 수 있다는 점에서 공통적인 교육적 의미가 있다. 이러한 과정을 통해 전인발달에 도달하고 미래 사회의 구성원으로서 갖춰야 할 역량을 제고할 수 있도록 지원하는 것이 교사의 역할이라고 할 수 있겠다. 교사 역시 교과 지식이나 생각하는 방법을 정해진 대로 전달할 것이 아니라, 학습자와 함께 탐구하고 열린 시각으로 수용하며 맥락에 적합한 지원을 제공하는 개방적인 태도가 요구된다.

또한 교사들이 이러한 접근법을 효과적으로 교수에 적용하기 위해서는 유아기의 특성과 학제 간 접근법, 프로젝트 기반 학습, 기술 활용 등 융합교육의 다양한 측면을 깊이 이해하는 것이 중요하다. 이를 위해서는 지속적이고 전문적인 교육과정 개발과 다른 교사들과의 협력뿐만 아니라 새로운 아이디어와 관행에 적응하려는 의지가 필요하다.

전체적으로 유아기에서 시작하는 융합교육은 유아들에게 보다 총체적이고 몰입적인 학습환경을 경험하게 함과 동시에 복잡하고 급변하는 미래 세상에 대비할 수 있는 잠재력을 형성시키는 데 반드시 필요할 것이라고 생각한다.

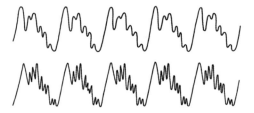

교사의 이해와 실행에서 출발한 융합수업 모형 개발은 무엇보다 교사들이 늘 하는 수업 방식을 반영하고 있다는 점에서 융합수업을 시도하려는 교사들이 어렵지 않게 참고할 수 있을 것이다. 기대하기로는 이 연구에서 도출한 융합수업 모형을 기반으로 교사들이 자신이 만나는 학생들, 교육 환경과 같은 구체적인 상황에 맞추어 자신만의 융합수업을 만들어 감으로써 융합교육에 대한 이해와 실천이 누적되어 가고, 이를 통하여 교육 현장에서 학습자의 발전과 성장이 이루어질 수 있을 것이다.

9장

교육현장에서 실현하는 융합교육

- 김혜진 -

최근 교육 현장에서 융합교육의 필요성이 점차 확대되고 있으나 이를 실제로 현장에서 적용하는 데에는 여러 어려움이 따른다. 융합교육의 정의가 불분명해 융합인재교육(STEAM)이 혼용되어 사용되기도 하고, 막상 융합교육 사례를 접했을 때는 현실적으로 적용하기에 막막함을 느끼기도 하며, 인적·물리적 한계에 부딪히기도 한다.

이 장에서는 K 교사가 2014년부터 2022년까지 학교 현장에서 겪은 경험을 바탕으로 처음 융합교육을 시작하는 교사들에게 현실적으로 도움이 되는 방안에 대해 이야기해 보고자 한다.

융합인재교육(STEAM)

2014년도 S특성화고등학교에서는 신규 교사들을 대상으로 'STEAM 교사연구회'에 참여하여 활동하기를 권장하였다. 융합인재교육이 무엇인지 모르는 상태에서 모인 교사들은 특성화고등학교에서 적용 가능한 융합인재교육 모형 개발을 위해 여러 참고 자료를 조사하고, 창의과학재단에서 제공하는 연수를 듣고, 학교의 특성을 반영한 〈그림 1〉의 '내가 바로 1등 금융상품 디자이너'라는 수업 유형을 개발하였다.

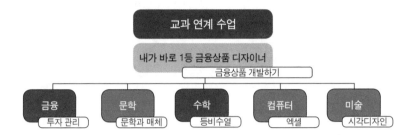

〈그림 1〉 '내가 바로 1등 금융상품 디자이너' 융합인재교육 수업 유형

이 수업은 상업계열 특성화고등학교의 전문 교과인 금융·컴퓨터와 보통 교과인 문학·수학·미술을 연계한 수업으로 〈그림 2〉와 같은 단계로 수업이 이루어졌다.

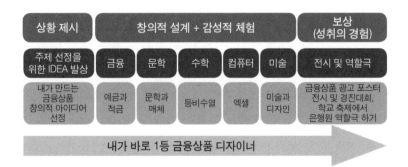

〈그림 2〉 '내가 바로 1등 금융상품 디자이너' 수업 진행 단계

이 수업 유형은 학생들이 직접 금융상품을 개발하고 학교 축제에서 각 팀별로 금융상품을 홍보하는 것으로, 이를 통해 학생들의 사고력과 문제해결 능력 등 지식의 응용력을 높이고, 창의력을 신

장시키며, 나아가 취업과 관련된 커리어 창출로 학생들의 진로에 도움을 주고자 하였다. 수업의 결과를 확인하기 위해 학생 23명에게 수업 종료 후 창의력 검사(TTCT 검사)를 실시한 결과 〈그림 3〉과 같이 창의성 지수 분포도가 변화한 것을 알 수 있었다.

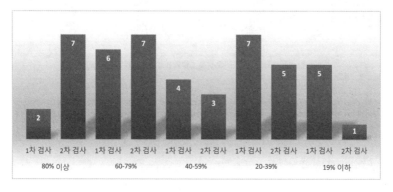

〈그림 3〉 창의성 지수 분포도

K 교사는 이 수업이 진행되는 과정에서 학생들이 본인의 취업과는 전혀 상관없다고 생각했던 미술, 수학 등의 보통 교과와 딱딱하고 어렵게만 느꼈던 전문 교과인 금융 및 컴퓨터 등의 교과에 대한 흥미와 이해도가 높아지는 것을 알 수 있었다. 또한 단순히 지식적인 측면이 아닌 실생활에서의 연계성을 인식하게 되는 것을 관찰할 수 있었다. 그 외에도 학생들은 팀 학습을 하는 과정에서 소통과 배려, 감성을 함양할 수 있었고, 유창성과 독창성, 추상성, 종결저항 능력이 향상되는 결과를 얻었다. K 교사는 이 수업을 통해 학생들의 달라진 모습을 보며 융합인재교육의 효과를 직

접 체험하고 관심을 갖게 되는 계기가 되었다.

융합인재교육(STEAM)이 무엇인지도 몰랐던 교사들이, 특성화고등
학교에서 절대 적용 불가능하다고 생각했던 교사들이 융합인재교
육에 대해 알게 되고, 이 수업을 통해 학생들의 **전인적 성장과 사고
의 신장 및 확장, 복합적 이해, 생각의 확장, 서로의 생각을 소통하
고 배려하는 감성적 변화**를 보며 필요성을 인지하게 된 것이다!
그러나 이 수업이 성공할 수 있었던 것은 학교의 전폭적인 지원(교
사 팀 구성, 수업 시간 조정 등)과 창의과학재단에서 제공한 예산과
체계적인 연수 등이 뒷받침되었기 때문이다.

02 교육현장에서 실현하는 융합교육 모델

디자인 싱킹

2015년에 일반고로 옮긴 K 교사는 2014년도의 사례가 매우 드문
경우라는 것을 알게 되었다. 그 당시 일반고에서는 융합교육에 대
한 관심이 크지 않았으며, 학교 차원의 지원을 받기가 매우 어려
웠기 때문이다. 또한 대입을 위해 교과 진도를 나아가야 하는 상

황에서 다른 교과와 협동하여 융합수업을 구성하기가 힘들었으며, 교과 시간을 할애하기에도 부담스러운 상황이었다. 그러나 2014년도에 학생들의 변화를 체험한 K 교사는, 학생들이 진로와 연계되었을 때 적극적이었던 태도를 떠올리고, 담당 과목인 미술 교과 내에서 진로와 연계한 수업을 구성하였으나, 이는 표현 소재를 진로와 연계하는 수준이었다.

2017년 K 교사는 진로 체험 업무를 담당하면서 S대학과 연계하여 '디자인 싱킹을 활용한 인공지능 교육' 프로그램을 개발하게 되었다. 인공지능에 대한 관심도가 높아지면서 학교 현장에서 이와 관련된 중고등학생들의 진로 체험 프로그램의 요구가 증가하고 있었으나, 인공지능은 개념을 이해하기 어렵고, 어떻게 구현되는지 경험하기도 어려웠다. 또한 기존에 제안된 체험형 교육 사례는 프로그래밍 언어를 기반으로 하고 있어, 컴퓨터실의 여건이 제대로 갖추어지지 못한 경우에는 적용이 쉽지 않은 상황이었다.

'디자인 싱킹을 활용한 인공지능 교육' 프로그램은 이러한 교육 여건과 상관없이 컴퓨터를 사용하지 않고 진행할 수 있도록 설계되었다. 인공지능 교육의 수업 모형으로 디자인 싱킹 프로세스를 도입한 이 프로그램은, 문제해결 과정을 경험하면서 인공지능이 어떻게 작용할 수 있는지에 대해서 스스로 이해하고 터득할 수 있도록 〈표 1〉과 같이 구성하였다.

이 수업의 효과를 분석하기 위해 학생 개개인에게는 매시간 수업 후에 성찰 일지를 작성하게 하고, 조별 활동에 대한 내용은 조

〈표 1〉 '디자인 활용한 인공지능 교육' 차시별 내용

차시	차시명	활동 유형	수업 내용
1	인공지능이란?	강의, 토론	· 인공지능은 무엇인가? 기호주의와 연결주의 · 인공지능 모듈(기능) 소개
2	주제 생각하기	강의, 질 문 답변	· 디자인 싱킹 개념 및 사례 소개 · 해결하고 싶은 문제 자유 발상
3	공감하기	조별 토론 브레인스토밍	· 대상자와 문제 상황 찾기 · 현상 관찰하기/ 가상 체험하기
4	문제 정의하기	조별 토론	· 대상자 구체화하기 · 문제 정의하기/ 상세화하기
5	아이디어 내기	설명, 조별 토론	· 시스템적 접근의 이해 · 생각 발전시키기 및 해결 방안 찾기
6	중간 발표와 피드백	조별 발표	· 공감 내용, 문제, 해결 방안에 대한 발표하기 · 피드백 적용하기
7	프로토타입 만들기	만들기	· 종이 모형을 제작하여 해결 방안 구현하기
8	테스트하기	조별 토론	· 설정한 환경과 문제에 맞게 시험해 보기
9	최종 발표와 피드백 1	조별 발표와 상호평가	디자인 싱킹 프로세스 및 산출물 발표 각 과정에 대한 상호평가 및 보완
10	최종 발표와 피드백 2		

별로 작성한 워크시트와 수업 시간에 촬영한 사진 및 중간, 최종 발표를 촬영한 비디오를 통해 데이터를 수집하였다. 그 결과 수업의 본 목표인 인공지능에 대한 이해가 높아졌으며, 스스로 만든 문제를 해결하기 위해 인공지능을 활용할 수 있는 것과 문제해결 과정에서 생긴 아이디어와 산출물인 서비스를 모형 제작을 통해 설명할 수 있음을 확인할 수 있었다.

그런데 이 수업을 진행한 후 K 교사는 수업의 원래 목표 외에 다른 것들을 관찰할 수 있었다. 각 단계를 거치며 학생들은 자신이 알고 있는 것을 성찰하고, 점검하고, 생각을 정리하고, 피드백을 받고, 자신의 생각을 보완하고, 서로의 결과물을 공유하는 과정에서 다양한 관점이나 생각의 확장이 일어났고, 서로의 생각을 소통하고 배려하는 과정에서 인지적 변화를 보인 것이다.

> 2014년도와 2017년도에 시도한 수업 모형은 설계 취지가 달랐으나, **사고의 신장 및 확장, 인지적 변화**가 유사하게 발견되었다. 그 이유는 무엇일까?

나만의 수업 만들기

두 번의 경험으로 K 교사는 다음과 같은 가설을 세웠다.

첫째, 학생들은 자신의 관심 분야나 진로와 연계된 프로젝트 수업에 더 높은 흥미와 능동성을 보인다.

둘째, 큰 범주의 주제는 정해 주되, 학생 스스로 주제를 선정할 경우 생각의 확장 가능성이 높아진다.

셋째, 주제를 스스로 탐색하는 과정에서 교사나 다른 친구들의 피드백은 다양한 생각이나 관점으로 자신의 생각을 보완 및 발전시키는 계기가 된다.

이를 바탕으로 '진로를 연계한 디자인 수업 모형'을 〈표 2〉와 같이 구성하였다.

<표 2> 진로를 연계한 디자인 수업 모형

단계	수업 내용
1단계: 디자인의 이해	다양한 디자인 분야 이해하기
2단계: 주제 정하기	자신의 관심 분야 생각하기 관심 분야에서 해결할 문제 정의하기
3단계: 아이디어 내기	문제해결을 위한 다양한 방법 조사하기 문제해결을 위한 다양한 디자인 아이디어 내기
4단계: 피드백	피드백을 통해 다양한 생각이나 관점에서 생각하기
5단계: 프로토타입 만들기	피드백을 적용하기 위해 추가 자료 조사하기 자신의 아이디어 보완하기
6단계: 최종 발표와 피드백	산출물 발표 각 과정에 대한 상호평가 및 보완

　수업을 진행한 결과 학생들은 자신의 관심 분야와 관련된 주제를 선정하였을 때 더 적극적인 참여 태도를 보였다. 또한 디자인 분야를 제한하지 않자 결과물이 제품, 건축, 모바일 앱 등 다양한 방식으로 제시되었다. 피드백 과정에서 학생들은 자신이 생각하지 못한 관점이나 해결 방법을 깨달았고, 이 과정에서 자신의 생각을 보완, 발전 및 확장시켜 나가는 것을 관찰할 수 있었다. 피드백을 반영하는 과정에서 새로운 생각이나 지식, 가치 등을 창출하는 변화를 보였다. 마지막으로 피드백과 상호평가 과정에서 학생들은 능동적으로 소통하였고, 상대방의 의견을 경청하고 공감하며 타인의 생각을 수용할 수 있는 능력이 향상되는 것을 알 수 있었다.

　이 수업을 진행하는 과정에서 K 교사는 이러한 변화가 융합인재교육과 유사한 면이 있긴 하나, 약간의 차이점이 있다고 생각하게 되었다. 관련하여 학습하는 과정에서 〈표 2〉의 수업 모형의 과정과 결과가 융합교육과 일치하는 요소가 많다는 것을 깨닫게 되었다.

그렇다면 융합교육이란 무엇일까? 교사는 어떤 목적으로 수업 과정을 구성하고, 어떠한 결과가 있기를 바라는가?

- 학생의 관심 분야 반영
- 자기 주도적 학습
- 다양한 관점 반영
- 사고의 확장
- 소통, 공감

이를 기반으로 K 교사는 자신의 수업 모형을 〈표 3〉과 같이 구안하였다.

〈표 3〉 진로 기반 미술 교과 융합수업 모형

그리고 다양한 미술 표현 활동과 연계하여 수업을 진행한 결과, 〈표 3〉의 수업 모형은 학습자가 관심 분야를 반영하여 자기 주도적으로 학습에 참여하며, 피드백 과정에서 다양한 관점으로 생각

하고, 이를 수용하는 과정에서 소통과 공감 능력이 향상되는 것을 알 수 있었다. 또한 피드백과 프로토타입 제작 후 최종 발표 과정에서 생각의 범위가 확장되고, 점차 폭넓은 분야의 학문 등을 접목하여 심화된 결과물을 완성하는 것을 볼 수 있었다.

> 융합교육에서 정해진 답은 없다.
>
> 내가 생각하는 융합교육이란 무엇일까?
>
> 그리고 그것을 위해서 어떻게 수업하면 좋을까?
>
> 그렇게 조금씩 수정·보완하는 것이,
>
> 결국 우리의 융합교육이 되는 것이 아닐까?

03 교육현장에서 함께하는 융합교육 방법론

K 교사는 2017년부터 현재까지 자신만의 융합교육 모형을 기반으로 다양한 분야의 진로 체험 프로그램들을 개발하고 있다. '창의적 글쓰기·말하기', 'EV3를 이용한 스마트 로봇 체험', 'IoT로 배우는 하드웨어와 소프트웨어-로봇 공학자가 되어 화성 탐사 로봇 제작하기 실습', '전기 현상의 발견부터 4차 산업혁명에 이르기까지 실습' 등의 소프트웨어(SW) 관련 프로그램부터 건축, 앱 개발 등

다양한 영역에서 융합교육을 시도해 왔다.

그렇다면 K 교사가 위의 모든 프로그램을 직접 가르칠 수 있을까? 미술 교사인 K 교사가 로봇 코딩을 할 수 있을까? 물론 연수를 통해 간단한 기초 코딩은 가능하지만, 학생들의 다양한 아이디어에 맞춰 피드백을 해 줄 수 있는 수준은 되지 못한다. 그렇다면 어떻게 해야 할까?

또는 K 교사는 운 좋게 학교 차원에서 융합인재교육을 시작할 수 있었고, 그 후에도 공동 개발자와 같이 진행을 했었기에 두 번째 프로그램을 운영할 수 있었지만, 처음부터 혼자서 융합교육을 시도할 수 있었을까?

이에 대해 K 교사는 다음과 같이 제안한다. 첫째, 우선 융합교육 관련 연수 등을 듣기를 권한다. 둘째, 융합교육에 대해 어느 정도 개념을 익혔다면, 자신이 하고 있는 수업에서 시도해 본다. 셋째, 가능하다면 동료 교사 또는 다른 이들과 함께 협업한다. 넷째, 여러 가지 제도나 정책, 예산을 활용하자.

융합교육을 하기 위해 가장 선행되어야 할 것은, 융합교육이 무엇인지 알아야 한다. 현재 융합교육에 대한 다양한 연구와 모형과 융합수업 프로그램들이 개발되어 있다. 우선 융합교육이 무엇인지 알아보고 자신이 나아갈 방향성을 생각하자. 만약에 어디서부터 찾아야 할지 막막하다면 공문들을 찾아보자. 근무 학교의 문서등록대장이나, K-에듀파인 메인 화면에서 융합으로 검색을 하면 다양한 연수나 수업 나눔 등등을 찾아볼 수 있다.

어느 정도 융합교육에 대한 개념이 생겼다면 자신의 수업에서 시도해 보는 것도 좋다. 많은 교과가 함께하는 융합 수업은 여러 여건상 현실적으로 어려울 수 있다. 하지만 자신의 교과 내에서라면 얼마든지 수업을 재구성할 수 있다. 우리가 안내자 역할만 잘해도 학생들은 전문가를 능가하는 수준을 보여 주기도 한다. 그러니 우선 시도해 보자. 물론 동료 교사의 도움을 받거나 함께하는 것도 좋은 방법이다. 주변에 융합교육에 대해 아는 사람이 있다면 조언을 구하거나, 함께 수업을 구성하는 것도 바람직하다.

그리고 마지막으로 여러 가지 제도나 정책, 예산을 활용하자. 마을 결합 중점학교의 경우 마을의 인적 자원 및 공간 등을 활용할 수 있다. 마을 결합 중점학교 안내 책자를 참고하면, 다양한 유형의 프로그램 사례를 융합교육에 접목하여 운영할 수 있다. 예체능 교과 디지털 지원 사업의 경우, 예체능 교과에 디지털을 응용한 수업을 할 경우 강사 등을 지원하는 사업으로 '코딩을 활용한 연주' 외에도 다양한 수업을 구성할 수 있다.

그 밖에도 대학이나 기업에서 지원해 주는 교육 봉사나 멘토링 프로그램 등을 활용할 수도 있다. 이때 중요한 것은 우리가 원하는 수업 방향을 정확하게 제안해야 한다는 것이다. 대부분 대학이나 기업에서는 교사나 현장의 요구를 수용하여 수업을 진행하므로 적극적으로 제안했을 때 효과적인 결과를 얻을 수 있다.

교사가 혼자서 모든 것을 할 필요는 없다.

우리는 안내자의 역할만 해도 충분하다.

04 교육 현장 속 융합교육의 방향

융합교육을 처음 접하는 사람들은 누구나 막막함을 느낄 것이다. 하지만 "시작이 반이다"라는 속담처럼 융합교육에 관심을 가지고 있다면, 이미 반은 이룬 것이라고 생각한다. 융합교육에 정답지는 없다. 자신이 생각하는 융합교육을 천천히 찾아가면 된다. 가장 중요한 것은, 여러분은 이미 시작을 했다는 것이다. 융합교육이 필요하다는 것을 인지한 것만으로도 벌써 절반에 도달했다.

그렇다면 다음 단계는 무엇일까? 융합교육에 대해 알아가는 것이다. 다양한 수업 사례, 논문, 연수 등을 통해 융합교육이 무엇인지 이해하고, 자신이 추구하는 융합교육이 무엇인지 충분히 생각해 볼 필요가 있다. 그리고 자신이 생각하는 융합교육을 실현하기 위한 방법을 찾는 것이다. 의외로 교육 현장에는 예산, 정책 등 이용할 수 있는 것들이 많다. 처음부터 혼자 시도하는 것이 힘들다면, 이러한 다양한 방법으로 도움을 받을 것을 권한다.

마지막 단계는 꾸준하게 시도를 해 보는 것이다. 처음부터 완벽할 필요는 없다. 같은 수업이라도 반복하는 과정에서 우리는 수정·보완을 거쳐 더욱 완성도 높은 수업을 만들어 간다. 융합교육도 마찬가지이다. 계속 수업을 시도하는 과정에서 자신이 원하는 목표를 효과적으로 달성할 수 있는 방법들을 알게 된다. 융합교육을 지속적으로 실행하다 보면, 끊임없는 수정과 보완을 거쳐 자신만의 융합교육관이 완성되어 갈 것이다. 그러니 두려워하지 말고, 일단 도전해 보길 바란다.

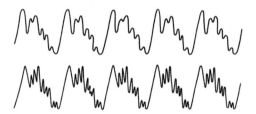

나와 다른 타인의 관점과 생각을 많이 접해야 한다. 다양한 학습공동체에 참여하면 시야가 넓어지고 융합으로 이어질 수 있다. 같은 과목과 수업을 듣는 교사와학생들뿐만 아니라 수업과 과목, 문화가 다른 사람들과도 상호작용하여 서로 다른 관점을 얻는 것이 중요하다. 또한 약자의 고통을 생각하고 최대 다수의 최대행복을 위해 노력하는 것이 중요하다. 타인의 고통에 대해 배우고 공감하는 것은가치 있는 지식과 이해로 이어질 수 있다.

10장

교육정책의 패러다임을 바꾸는 융합교육

- 김성천 -

교육은 사실 그 자체로서 융합의 속성을 지닌다. 교육을 삶을 다루는 영역으로 본다면, 삶 자체를 분절할 수는 없기 때문이다. 편의상 유치원-초등학교-중학교-고등학교로 학제를 구분할 수는 있지만, 그 경로를 거친 사람은 누적된 경험을 지닌 동일한 존재이지 않은가. 많은 사람에게 알려진 정현종 시인의 「방문객」이라는 시에서 그 느낌을 알 수 있다.

> 사람이 온다는 건
>
> 실은 어마어마한 일이다.
>
> 그는 그의 과거와
>
> 현재와
>
> 그의 미래와 함께 오기 때문이다….

융합은 과거와 현재, 미래의 결합을 의미한다. 근래 들어 '미래교육'이라는 용어를 중앙정부와 교육청의 여러 문서, 각종 포럼에서 많이 언급하고 있다. 개념과 행위 자체를 보면 교육은 인류의 지속 발전 가능을 위해(미래 지향), 과거로부터 누적된 지식과 유산, 지혜, 경험 등을 교육과정과 교과서로 정리하여(과거 지향), 다음 세대를 키우는 과정이다(현재 지향). 그런 의미를 생각해 본다면, 교육 자체가 곧 미래를 위해 존재하는 행위로 볼 수 있다.

교육은 인류의 지적 자산을 학생들에게 고스란히 전수하는 과정, 즉 사회화에만 머무르지 않는다. '교육'에는 '사회화'의 요소가 존재하지만, 동의어는 아니다. 사회화를 넘어서는 어떤 '알파' 개념을 포함한다. 그 알파가 무엇일까? 비판적 사고를 바탕으로 변화와 실천을 도모하는 변혁성이다. 교육이 사회화의 과정에만 머문다면 보수적인 양상으로 흐를 수 있다. 하지만 변혁성을 강조한다면 진보와 개혁의 개념을 아우른다. 교육과정에서도 인류의 지적 유산의 전수에 방점을 찍고 기존의 분과 학문 체계를 강조하는 사조도 있지만, 근래 들어 삶과 경험과 주도성 등에 방점을 찍기도 한다. 이를 '개혁교육학' 내지는 '진보교육학'으로 부를 수 있다(한국교육연구네트워크, 2018). 융합교육은 전자보다는 후자의 관점을 지닌다. 그렇다고 해서 융합교육이 지식이라든지 분과 학문을 배격하는 것은 결코 아니다. 분과 학문의 물리적 결합을 넘어 화학적 결합을 도모하기 때문에, 특정 교과의 깊이에 갇히지 않고 '넘나들며 배우기'의 가치를 지향한다. 융합은 비판적 사고력, 창의력, 유연성, 실천성을 전제하기 때문에 새로운 발견과 실행에 유익하다. 융합은 삶의 지향이며 태도이며 양식이다.

하지만 우리에게 융합교육은 교육과정에서 통합사회와 통합과학 같은 특정 교과의 신설 차원 내지는 교육과정 문서에서 제시한 역량의 한 영역으로 이해하는 경향이 있다. 예컨대 2022년 '초·중등학교 개정 교육과정 총론'에서는 핵심역량으로서 자기 관리 역량, 지식정보 처리 역량, 창의적 사고 역량, 심미적 감성 역량, 협력적 소통 역량, 공동체 역량을 제시하였다. 특히 폭넓은 기초 지식을 바탕으로 다양한 전문 분야의 지식, 기술, 경험을 융합적으로 활용하여 새로운 것을 창출하는 창의적 사고 역량은 융합교육의 필요성과 정당성을 보여준다(교육부, 2022: 6).

그 외에 고등학교 선택과목의 유형으로 일반 선택과목, 진로 선택과목, 융합 선택과목으로 구분하고 있다. 교육부가 제시한 과목 외에도 학교에서 교과목을 개설한 경우에 진로 선택과목 또는 융합 선택과목으로 편성할 수 있다는 점에서 교육과정의 분권과 자율, 자치의 정신을 어느 정도 보장하고 있다. 공통과목이나 일반 선택과목은 분과 학문의 속성이 강한 편이라면, 진로 선택은 수준별 심화 내지는 영역별 심화 속성을 지닌다. 융합 선택도 교과의 속성을 상대적으로 약하게 지니면서도 학생의 필요라든지 시대의 요구 등에 유연하게 대응할 수 있는 특성을 지닌다.

〈표 1〉 고등학교 교과목 구성

교과(군)	공통 과목	선택 과목		
		일반 선택	진로 선택	융합 선택
국어	공통국어 1 공통국어 2	화법과 언어, 독서와 작문, 문학	주제 탐구 독서, 문학과 영상, 직무 의사소통	독서 토론과 글쓰기, 매체 의사소통, 언어생활 탐구
수학	공통수학 1 공통수학 2 기본수학 1 기본수학 2	대수, 미적분 I, 확률과 통계	기하, 미적분 II, 경제 수학, 인공지능 수학, 직무 수학	수학과 문화, 실용 통계, 수학 과제 탐구

영어	공통영어 1 공통영어 2 기본영어 1 기본영어 2	영어 I , 영어 II, 영어 독해와 작문	영미 문학 읽기, 영어 발표와 토론, 심화 영어, 직무 영어 심화 영어 독해와 작문,	실생활 영어 회화, 미디어 영어, 세계 문화와 영어
사회 (역사/ 도덕 포함)	한국사 1 한국사 2	세계시민과 지리, 세계사, 사회와 문화, 현대사회와 윤리	한국지리 탐구, 도시의 미래 탐구, 동아시아 역 사·기행, 정치, 법과 사 회, 경제, 윤리와 사상, 인문학과 윤리, 국제 관 계의 이해	역사로 탐구하는 현대 세계, 여행지리, 사회문 제 탐구, 금융과 경제생 활, 윤리문제 탐구, 기후 변화와 지속 가능한 세 계
	통합사회 1 통합사회 2			
과학	통합과학 1 통합과학 2	물리학, 화학, 생명과학, 지구과학	역학과 에너지, 전자기 와 양자, 물질과 에너 지, 화학 반응의 세계, 세포와 물질대사, 생물 의 유전, 지구시스템과 학, 행성 우주 과학	과학의 역사와 문화, 기후변화와 환경생태, 융합과학 탐구
	과학탐구 실험 1 과학탐구 실험 2			
체육		체육 1, 체육 2	운동과 건강, 스포츠 문 화*, 스포츠 과학*	스포츠 생활 1, 스포츠 생활 2
예술		음악, 미술, 연극	음악 연주와 창작, 음악 감상과 비평, 미술 창작, 미술 감상과 비평	음악과 미디어, 미술과 매체
기술· 가정/정보		기술·가정	로봇과 공학세계, 생활과학 탐구	창의 공학 설계, 지식 재 산 일반, 생애 설계와 자 립*, 아동발달과 부모
		정보	인공지능 기초, 데이터 과학	소프트웨어와 생활
제2외 국어/ 한문		독일어, 프랑스어, 스페인어, 중국어, 일본어, 러시아어, 아랍어, 베트남어	독일어 회화, 프랑스어 회화, 스페인어 회화, 중국어 회화, 일본어 회화, 러시아어 회화, 아랍어 회화, 베트남어 회화, 심화 독일어, 심화 프랑스어, 심화 스페인어, 심화 중국어, 심화 일본어, 심화 러시아어, 심화 아랍어, 심화 베트남어	독일어권 문화, 프랑스어권 문화, 스페인어권 문화, 중국 문화, 일본 문화, 러시아 문 화, 아랍 문화, 베트남 문화
		한문	한문 고전 읽기	언어 생활과 한자
교양		진로와 직업, 생태와 환경	인간과 철학, 논리와 사고, 인간과 심리, 교육의 이해, 삶과 종교, 보건	인간과 경제활동, 논술

* 표시한 과목의 기본 학점은 2학점이며, 1학점 범위 내에서 감하여 편성·운영할 수 있다.
* 출처: 교육부(2022)

학술연구정보서비스(RISS) 홈페이지에서 '융합수업'을 검색하면 2023년 1월 현재 국내 석사 2961편, 국내 박사 420여 편의 논문을 확인할 수 있다. 특정 교과목에서 융합수업을 진행했을 때 그 효과성을 분석하거나 프로그램을 어떻게 개발했는가를 밝히는 연구가 많은 편이다. 이재준이 융합교육 관련 석사학위논문 119편을 메타 분석한 바에 따르면 개발 적용 51편(43%), 개발 적용·효과 분석 33편(28%), 이론 내용 17편(14%), 실태 인식 11편(9%), 효과 분석 9편(6%)으로 나타났다(이재준, 2021). 과목으로 보면 미술 27편(31%), 정보 14편(16%), 과학 12편(14%), 음악 9편(10%), 수학과 기타 각 8편(9%), 국어 4편, 도덕과 체육 각 2편, 사회와 기술가정 각 1편으로 나타났다. 이는 통상 융합인재교육(STEAM)으

〈그림 1〉 학술연구정보서비스(RISS) 홈페이지에서 검색한 융합수업

로 알려진 과학(Science), 기술(Technology), 공학(Engineering), 예술(Arts), 수학(Mathematics) 과목에서 다른 과목 내지는 주제를 접목하여 실천하는 경향성이 강하게 나타나고 있음을 시사한다.

그렇다면 융합교육은 교육과정과 수업의 영역에만 국한되는 것인가? 그것은 하나의 방법 차원의 문제라기보다는 철학과 가치, 지향의 모습을 지닌다고 봐야 한다. 이형빈은 번스타인의 '분류화(Classification)'와 '구조화(Framing)'의 틀을 적용하여 세 학교의 교육과정-수업-평가 양상을 분석하였다(이형빈, 2015). 범주와 범주의 경계를 강한 상태인지 약한 상태인지를 분류화로, 주체와 주체 간 소통의 양상이 잘 이루어지는 것인지 아닌 것인지를 구조화로 개념화하였다.

연구자는 강한 구조화와 분류화를 가진 A학교, 중간 수준을 보이는 B학교, 약한 구조화와 분류화를 보이는 C중학교를 참여 관찰하며 분석하였다. 이 연구에서는 교육과정-수업-평가에서 강한 분류화와 구조화를 지닌 A학교보다는 약한 구조화와 분류화를 보인 C중학교에서 학생들의 참여라든지 배움이 촉진되는 양상이 나타나고 있음을 확인하였다.

이 연구에서는 사실 융합교육이라는 말을 사용하지는 않았지만, 융합교육의 지향점이 강한 분류화와 구조화가 아닌 약한 분류화와 구조화에서 존재하고 있음을 시사한다. 분절화된 교과의 내용을 강력한 생활지도를 바탕으로 강의식과 주입식으로 펼쳤던 방식이 과거의 패러다임이라면, 교육과정 재구성을 통해 교과의 분절성을 약화시키고 교과와 교과, 교과와 삶, 교과와 주제를 연결하는 방식을 융합교육의 패러다임으로 해석할 수 있다. 특히 융합교육은 프로젝트나 실천을 강조하는데, 그것은 앎을 삶으로 연결한다는 점에서 필연적으로 귀결되는 모습이다. 특정한 기술을 활용하여 어려움에 처한 사람들을 돕는 적정 기술의 개발이라든지, 지역의 특산물과 관광지를 학생들이 배운 영어나 제2외국어를 활용하여 홍보 영상을 만들어 유튜브에 올리는 모습이라든지, 시장이나 국회의원 등에게 민원을 넣고 정책을 제언하는 방식은 융합교육의 중요한 특성 중 하나이다. 군산의 한들고등학교 학생들은 버려진 자전거를 활용해 태양광 자동차를 만들었고, 그 과정에서 학부모와 교사, 마을 주민들의 도움을 받았다. 이 과정에서 중시되는 것은 교사와 교사 간, 교사와 학생 간, 학생과 학생 간, 학교와 마을 간 상호작용과 협력이다.

〈표2〉는 교육과정과 수업, 평가를 어떤 방식으로 구현했는가에 대한 질문과 성찰 지점을 던지고 있다. 교육과정-수업-평가에서 구조화와 분류화의 '강함'이라는 분절의 길을 걷고 있는가? 아니면 구조화와 분류화의 '약함'이라는 융합의 길을 걷고 있는가? 분절의 길이 교사에게 편할 수 있지만, 학생들의 배움을 촉진하는 데는 한계가 명확하다. 융합의 길은 어렵지만, 시도할 만한 가치가 있다. 그렇기 때문에 학습공동체의 참여가 중요할 수밖에 없고, 끊임없는 성찰과 반성을 시도하면서 어느새 '강함'의 길을 걷고자 하는 모습이 나타나는 것은 아닌지 점검해야 한다.

구분	범주	강함	약함
교육 과정	'교과 내' 분류화	단편적인 지식 위주로 교육과정이 구성되어 있다.	지식-탐구-표현 과정이 교육과정에 유기적으로 연결되어 있다.
		교사는 일방적인 지식 전달을 중시하게 된다.	교사는 학생들의 주도적인 학습 활동 과정을 중시하게 된다.
		학생은 교과의 지식을 수동적으로 습득하게 된다.	학생은 다양한 방식으로 지식을 탐구하고 그 결과를 표현하게 된다.
	'교과-학생' 분류화	학생의 경험이나 실생활과는 거리가 먼 교육과정이 편성되어 있다.	학생의 경험이나 실생활과 관련된 내용이 교육과정에 편성되어 있다.
		교사는 학생의 흥미를 끌 만한 자료를 활용하지만 주된 관심은 교과 내용에 둔다.	교사는 학생들의 경험이나 실생활에 관심을 갖는다.
		학생은 배우는 내용에 별다른 의미를 발견하지 못하게 된다.	학생은 배우는 내용에 흥미를 갖고 삶의 가치를 찾게 된다.
	'교과-교과' 분류화	교과와 교과 사이에 통합적 연계가 형성되어 있지 않다.	교과와 교과 사이에 통합적 연계가 형성되어 있다.
		교사는 타 교과에서 배우는 내용에 대해 거의 알지 못한다.	교사는 타 교과 교사와 협력하며 교육과정을 재구성한다.
		학생은 각 교과에서 배우는 내용 사이의 관련성을 찾지 못하게 된다.	학생은 각 교과에서 배우는 내용 사이의 관련성을 주제 중심으로 인식하게 된다.
	'교과-사회' 분류화	교과의 내용이 사회적 가치나 실천적 활동과 분리되어 있다.	교과의 내용이 사회적 가치나 실천적 활동과 관련성을 맺고 있다.
		교사의 관심이 교과 내용에 제한되어 있다.	교사는 가르치는 내용에 사회적 가치를 반영하기 위해 교육과정을 재구성한다.
		학생은 배우는 내용 속에 사회적 가치를 찾지 못하게 된다.	학생은 사회적 가치에 관심을 갖고 이를 실천하게 된다,

구분	범주	강함	약함
수업	'교과-학생' 분류화	교사는 일방적으로 강의를 하고 학생은 이를 수동적으로 듣는다.	교사와 학생 사이에 대화적 관계가 형성된다.
		교사의 언어는 독백적, 통제적이다.	교사의 언어는 대화적, 배려적이다.
		교사는 빠른 속도로 진도를 나가는 방식으로 수업을 진행한다.	교사는 학생들의 학습과정을 살피며 스스로 탐구할 수 있는 기회를 준다.
		학생은 흥미를 잃거나 진도 속도를 따라가지 못하고 잠을 자는 등 수업 참여를 기피한다.	학생은 교사의 설명에 다양한 반응을 보이고 자기의 의사를 잘 표현한다.
	'학생-학생' 분류화	동질 집단 사이의 분리, 개별 학생 간의 분리가 존재한다.	이질 집단 속에서의 협력적 관계가 형성된다.
		교사는 학생의 협력을 조성하기 위한 별다른 노력을 하지 않는다.	교사는 협력적인 관계를 제시하며 학생들의 협력 학습을 지원한다.
		일부 학생들만 수업에 참여하고 나머지 학생들은 잠을 자는 등 수업 참여를 기피한다.	학생은 다른 학생과의 역동적인 상호작용 속에서 서로 협력한다.
	'교사-교사' 분류화	교사들의 자발적이고 협력적인 학습 공동체가 존재하지 않는다.	교사들의 학습 공동체가 구축되어 있다.
		교사는 다른 교사와의 단절감을 느끼게 되고 수업은 개별 교사의 몫으로 맡겨진다.	교사는 교과를 넘어 다른 교사들과 협력하며 수업을 개선하는 노력을 한다.
평가	'지식-평가' 분류화	지필 평가의 비중이 높다.	수행평가나 논술형 평가의 비중이 높다.
		평가에서 정답의 개방성이 보장되지 않는다.	평가에서 정답의 개방성이 보장된다.
		학생은 수업 시간에 배운 내용 그대로 답안을 작성한다.	학생은 자기의 견해를 자유롭게 표현하며 답안을 작성한다.

구분	범주	강함	약함
평가	'학생-학생' 분류화	학생의 점수나 석차에 관심을 둔다.	학생이 학습목표에 얼마나 도달하였는가에 관심을 둔다.
		학생 사이의 학업성취 격차가 크다.	학생 사이의 학업성취 격차가 작다.
		학생들은 다른 학생들의 성적이나 석차에 대해 높은 관심을 갖고 서로 비교한다.	학생들은 서로 다른 학생들의 성적이나 석차에 대해 관심을 별로 두지 않는다.
	'수업-평가' 분류화	정기고사의 비중이 높다.	수행평가의 비중이 높다.
		수업의 과정과 분리된 방식의 수행평가가 이루어진다.	수업의 과정에서 수행평가가 자연스럽게 이루어진다.
		평가 결과에 대한 피드백이 거의 이루어지지 않는다.	평가 결과에 대한 피드백이 일상적으로 이루어진다.
		학생들은 평가에 대한 부담감을 크게 느낀다.	학생들은 평가에 대해 상대적으로 부담감을 적게 느낀다.
	'학생-평가' 분류화	교사는 평가의 결과에 관심을 둘 뿐 학생들의 발달과 성장에는 별다른 관심을 두지 않는다.	교사는 학생들의 발달과 성장에 관심을 두고 모든 학생이 학습목표에 도달하도록 지원한다.
		학생은 평가의 결과 우월감이나 좌절감을 느낀다.	학생은 평가의 결과 성취감과 자신감을 느낀다.

* 출처: 이형빈(2015: 179~179)

02 융합의 시선에서 본 교육정책 성찰 지점

우리나라 공교육은 교육기관마다 사일로 효과(Silo Effect)가 심한 편이다. 사일로는 본래 곡식이나 사료 등을 쌓아 두는 폐쇄된 창고를 의미한다. 곧 사일로 효과는 부서 이기주의를 표현하는 용어이다. 우리나라의 교직 문화를 보면 폐쇄주의, 고립주의, 보수주의 등 부정적 양상을 보인다. "달걀판 속의 달걀"은 교사와 교사 간 관계성을 잘 보여 주는 비유이다. 너무 가깝지도 너무 멀지도 않은, '불가근불가원(不可近不可遠)'의 원칙을 가지고 선을 유지한다. 그러한 양상이 굳어지면 교직원들끼리 서로의 실천과 고민을 나누지 않은 채, 행정적인 업무만으로 형식적인 상호작용에 그칠 가능성이 크다.

이러한 양상은 융합교육의 실현을 매우 어렵게 만든다. 수업과 교육과정, 평가 영역이 공유재가 아닌 사유재로 인식될 때 공동의 비전과 목표는 사라지고, 이른바 각자도생의 길에 접어들게 된다. 이러한 상황에서 나타나는 문제는 편차와 격차이다. 교사 개인기에 의존하는 수업이 진행될 수밖에 없는데, 그 과정에서 교사들끼리의 실천과 방향에 큰 차이가 나타난다. 학부모와 학생의 입장에서 본다면, 어떤 교사를 만나느냐에 따라서 교육과정과 결과에 차이가 날 수밖에 없고, 이러한 양상은 궁극적으로 교육에 대한 불신을 가중시킨다.

이러한 모습은 학교에서만 나타나지 않는다. 교육청이나 교육부는 더욱 심하다. 교육청만 해도 다양한 직렬로 구성된다. 팀과 팀, 과와 과, 국과 국을 넘기가 히말라야산맥을 넘기보다 더 힘들다. 교무실과 행정실, 일반직과 전문직, 일반 행정과 시설 행정, 교육청과 지방자치단체 등 분리와 경계의 문법이 견고하게 형성되어 있다. 학생들의 성장을 위한 어른들의 협업은 불가능한가? 교육과정을 중심에 놓고 최선의 길을 찾는 과정이 행정인데 안타깝게도 분리와 괴리 현상은 더욱 심해지고 있다.

통합 운영교에 대해서 들어 본 적이 있는가? 「초·중등교육법」 제30조 1항에는 "학교의 설립자·경영자는 효율적인 학교 운영을 위하여 필요하면 지역 실정에 따라 초등학교·중학교, 중학교·고등학교 또는 초등학교·중학교·고등학교의 시설·설비 및 교원 등을 통합하여 운영할 수 있다"라고 규정하고 있다.

2020년 3월 현재 전국에는 113개의 통합 운영교가 있으며, 학생 수 감소 대비를 위해 통합 운영교는 계속 늘어날 전망이다. 작은 학교를 살리기 위해 나름대로 노력을 기울였지만, 학교를 운영할 수 있는 최소한의 규모가 나오지 않을 때 고민은 깊어지게 된다. 학생들끼리 축구 한 게임 같이 구성하기 어려울 때 학생들의 상호작용에는 그만큼 한계가 나타나게 된다. 학생 수가 지나치게 많아도 바람직하지 않지만, 너무 적어도 한계가 나타날 수 있다.

그런데 통합 운영교를 운영해도 교원 자격 체계가 분리되어 있다 보니 물리적으로는 통합되었으나 화학적인 결합이 어려운 것도 사실이다. 일부 교사들의 경우 초등과 중등 복수 자격증을 가지고 있기도 하지만, 그렇다고 해도 현재는 초등교사를 중등으로, 중등교사를 초등으로 활용하기는 불가능하다. 경직되고 분리된 행정 체계, 초등과 중등 교원의 이원화 체계 등이 문제로 볼 수 있다. 통합 운영교 사례를 보면, 전문성의 이름으로 폐쇄적 체제를 유지하는 여러 한계를 볼 수 있다.

유치원 교사는 초등교육을, 초등교사는 유치원 교육과 중학교 교육을, 중학교 교사는 초등학교와 중학교 교육을, 고등학교 교사는 초등학교나 중학교 교육을 얼마나 알고 있을까? 굳이 알지 않아도 생존하는 데는 별문제가 없다. 최근 들어 급별 연계 교육 내지는 전환 교육을 시도하는 사례가 나타나고 있다. 이를 이음교육으로 명명하기도 한다. 급별 연계교육을 위해서는 학생들이 그 전에 무엇을 배웠고, 앞으로 무엇을 배워야 하는지 파악하는 과정이 중요하다. 함께 모여서 대화와 학습을 진행해야 하는데 그런 계기가 우리 주변에 얼마나 있을까?

융합은 과거에서 시작된다. 미래 교육은 과거와 현재의 토대 위에 만들어진다. 교육청은 항상 새로운 정책을 만드는 데 많은 노력을 기울인다. 하지만 기존에 무엇을 하겠다고 말했던 그 공약과 정책에 대해서는 침묵한다. 무엇인가를 하겠다고 말하기 이전에 예전에 시도했던 정책과 사업들이 왜, 무엇 때문에 실패했는가를 먼저 살펴야 한다. 새로운 사업을 말하기 전에, 기존의 정책의 성과와 과제를 진단하고, 잘한 점은 계승하고, 문제 영역은 개선해야 한다. 그러나 대부분의 교육감들은 정책의 역사에서 교훈을 얻으려 하기보다는, 언론으로부터 주목을 받을 수 있는 '쎈 것 한 방'에 주목하는 경향이 있다. 그러다 보면 정책의 연속성을 살리기보다는 단절과 차별화의 길을 강조한다. 오늘을 치열하게 만들어 가는 과정 없이 어느 날 갑자기 미래 교육이 오는 것일까? 역사적 통찰과 교훈의 과정에서 융합교육은 시작된다.

융합은 시간뿐 아니라 공간에서 시작할 수 있다. 학교 공간을 사용자, 생태 전환, 마을공동체의 관점에서 보면, 불편한 점을 적지 않게 찾아볼 수 있다. 공급자의 시선으로는 좋은 공간 설계가 애초에 불가능하다. 공간을 사용할 학생과 학부모, 교직원들이 무엇이 불편했고, 무엇을 원하는가에 대한 소통하고 참여할 수 있는 기회가 충분히 제공되어야 한다.

학교만이 유일한 배움의 공간은 아니다. 지역에도 학생들의 배움을 촉진할 수 있는 장소와 사람이 있다. 이를 지역사회 학습장 내지는 학교 밖 교육으로 명명할 수 있다. 이러한 공간을 제대로 활용할 수만 있다면 학교는 그야말로 배움의 플랫폼이 될 수 있다. 다만 학교만의 노력으로 자원의 발굴-연결-활용이 어렵기 때문에 교육지원청의 지원 기능이 더욱 강화되어야 한다. 교육지원청은 공문과 예산을 주고받는 터미널 기능만 하는 소극적 조직이 아닌 발굴-연결-지원을 하는 플랫폼 기능을 하는 적극적 조직으로 변모해야 한다.

융합은 주체 간 소통에서 시작된다. 우리들은 서로 동일한 직렬 내지는 직업군끼리 만나는 경향성이 있다. 그런 경우 '우리들만의 리그'에 그칠 가능성이 크다. 우리 집단만 옳고, 다른 집단이 우리 집단에 대해 말하는 비판에 대해서는 현실을 몰라서 그런다고 항변한다. 좋은 교육과정을 만들어 가는 출발점은 무엇일까? 교육과정 거버넌스이고, 교육과정의 민주화이다. 공급자 중심의 교육과정이라고 하면, 국가 중심형 내지는 관료 중심형을 의미하기도 하지만, 교원의 관점만으로 구성된 교육과정도 포함된다. 교육과정을 구성하는 과정에서 학생과 학부모의 요구와 필요에 대해서 읽고, 그들과 함께 소통하여 조정하는 과정 역시 소중하다.

이러한 점을 종합해 보면 융합교육은 우리의 삶의 전반을 성찰하고 돌아보면서 혁신을 도모할 수 있는 좋은 기제이다.

03 교육정책의 패러다임을 바꾸는 융합교육

융합의 가치를 교육정책의 어떤 영역부터 적용하는 것이 가능할까? 우선 교육과정에 적용하는 것이 가능하다. 우리나라의 교육과정은 분과 학문 체계가 상당히 강한 편이다. 고등학교 단계로 가면 대학교의 전공을 요약한 수준으로 구성되어 있으며, 그 과정에서 학생들의 발달단계에 맞지 않은 어려운 내용이 나오기도 한다. 여기에 변별력을 목표로 고난도의 문제가 출제되면, 특정 과목을 포기하는 학생들도 적지 않게 나오게 된다.

융합교육은 기본적인 개념과 지식, 원리 등을 무시하지 않는다. 그것을 포함하면서도 학문과 학문, 주제와 주제를 결합하여 실생활의 문제해결로 나아간다. 융합교육은 기존 분과 학문 체계의 심층성에 함몰되기보다는 원리의 결합, 응용과 실천을 중시한다는 점에서 교육과정의 난도를 낮추는 데도 도움이 된다.

분과 학문의 심층성을 높이려는 시도는 교육의 목표가 분과 학문의 연구자를 기르는 데 맞추어져 있는가에 대한 비판으로 이어질 수 있다. 물론 교육과정을 바라보는 시선은 형식도야 이론을 바탕으로 지식의 구조를 강조하는 전통적 교육과정을 고수하려는 입장도 있다. 반면에 삶과 경험을 바탕으로 지식의 의미와 구성을 강조하려는 개혁 교육과정의 입장도 있다(한국교육연구네트워크, 2018). 전자가 분과 학문의 시선이 강한 편이라면, 후자는 융합교육의 시선을 반영한다. 두 입장의 긴장과 경쟁 속에서 교육과정과 교과서, 교수 학습 방법이 발달해 왔고, 상호 수렴하는 경향성도 있다. 후자의 관점이 강화되면 교육과정의 난도를 지나치게 높일 이유가 없다.

많은 학생이 수학을 포기하는 이유는 무엇인가? 김성수는 수학 포기자가 발생하는 원인을 우리나라 수학 교육의 내용이 너무 많거나, 연역적으로 구성되어 있으며, 원리에 대한 충분한 이해가 없는 상태에서 과도하게 문제를 풀고 있으며, 학생이 이해를 하지 못해도 빠르게 진도를 나가는 수업 양상을 들고 있다(김성수, 2018).

융합교육은 귀납적 구성을 지향하면서, 수학적 원리가 일상의 어느 영역에서 적용되고 있는가를 충분히 모색하게 만들 수 있다. 그런 관점에 본다면 융합교육은 교육과정의 난도를 낮추면서 학문 내지는 지식의 효용성을 높이는 데 기여할 수 있다. 나아가 교과 이기주의의 장벽을 낮추는 데 기여할 수 있다.

융합교육은 관점과 관점, 주제와 주제, 철학과 철학, 교과와 교과의 경계를 허물고 넘나들며 배우기의 가치를 지향한다. 국가 수준에서 거버넌스를 강조할 수도 있지만, 학교에서도 교육과정 거버넌스가 필요하다. 김용과 한은정 등은 학교 자체 평가가 취지와 달리 내실화가 부족하고 학교 교육의 질 제고에 기여하지 못하고 있다고 지적하면서, 교육활동을 점검하고 개선을 위한 과정으로서 구성원들의 참여를 바탕으로 한 학교 자체 평가 활성화가 중요하다고 강조하였다(김용·한은정 외, 2022).

한 학기 내지 1년을 마친 이후 다양한 지표와 척도를 활용하여 학교의 투입, 과정, 결과 지표를 확인하고, 주체들의 요구 사항과 개선점을 찾고 이를 차년도 교육과정 계획에 반영해야 한다. 이러한 과정을 하나의 업무로 여기고 형식적으로 운영할 수도 있겠지만, 교육과정의 강점을 강화하고 개선점을 찾기 위한 노력 없이는 학교의 교육과정을 바꾸기가 쉽지 않다는 관점을 갖는다면 소홀히 할 수 없는 영역이다.

융합교육의 관점에서 보면 교원양성기관 역시 개선점을 찾을 수 있다. 우리나라는 유초중등교육, 직업교육, 고등교육, 평생교육을 분리하는 경향이 있다. 행정상으로는 분리할 수 있지만, 개념으로는 평생교육(학습)이 상위 개념이고 하위 영역으로 각 급별 교육이 존재한다. 우리나라는 초등교육과 중등교육을 분리하여 교육대학과 사범대학이 별도로 존재한다. 고유한 전문성의 관점에서 이러한 분리 체제를 고수하고 있는데, 교육대학과 사범대학 간 교육과정의 호환과 공유는 앞으로 더욱 필요한 상황에 놓일 것이다. 당장 급별 구분을 허무는 통합 운영교는 전국적으로 늘어나는 추세인데 이에 대응하는 양성체계는 여전히 칸막이 시스템이 강한 편이다.

한국교원대학교의 경우 초등과 중등의 복수 자격 취득이 가능한데, 이러한 모델은 더욱 확산될 필요가 있다. 급별 전문성과 고유성은 교육과정으로 구분되는 것이지 별도의 학교를 만든다고 해서 보장된다고 보기 어렵다. 다양성과 호환성, 융합교육의 관점에서 분리된 교원 양성체계의 호환과 교류를 촉진해야 한다. 교육대학과 사범대학의 통합이 아니어도 공동 교육과정 내지는 통합 네트워크를 통해 급별을 넘나드는 교원 자격 취득이 가능한 유연한 시스템은 더욱 보장할 필요가 있다. 동시에 교원 양성 과정에서도 학생들의 연령대별 발달단계 내지는 정서적·심리적 특성을 파악하고, 급별 교육과정이 어떻게 구성되고 실천되는가를 충분히 학습할 필요가 있다.

급별을 중심으로 수직적 연계가 가능하다면, 평생학습 또는 지역 교육과정을 매개로 수평적 연계도 가능하다. 기존의 교과목을 중심으로 이루어진 교원 자격 체계만으로는 학생들의 다양한 진로 수요를 감당하기 어렵다. 예컨대 근래 들어 학교에서 연극이나 영상 제작 등의 과목을 개설하려는 흐름이 있는데, 학교 내에서 이 과목을 가르칠 수 있는 교사들이 부족할 가능성이 크다. 이 경우 검증된 전문가를 교과 내지는 비교과 영역에서 활용할 필요가 있다. 자격증이 없는 경우에는 코티칭으로 활용이 가능한데, 충분한 소통을 통해 양질의 수업을 이끄는 것이 바람직하다.

지역에 대해서 학생들이 알고 배우는 과정을 '지역의 이해'와 같은 과목으로 발전시킬 수 있는데, 이러한 과목들은 지역 소멸 예방이라든지 마을교육 공동체 활성화에 충분히 기여할 수 있다. 특정 분야의 전문가 내지는 지역의 전문가를 초빙한다고 해도, 잘못하면 일회성 강좌에 그칠 가능성이 있다. 외부 전문가는 학생 내지는 교육과정에 대한 이해가 떨어질 수 있고, 콘텐츠와 교육과정이 엇박자가 날 가능성이 있다. 쉽게 말해 주파수가 맞지 않을 수있다. 이를 위해서는 서로의 리듬과 주파수를 맞추기 위한 학습과 소통, 조정의 과정이 불가피하다.

우리나라는 교육 자치와 일반 자치가 분리되어 있다. 교육의 자주성과 전문성, 정치적 중립성을 지키기 위한 관점에서 이러한 분리 체제를 유지하고 있다. 그러다 보니 일반 자치 쪽에서 교육 자치에 대한 불만이 크다. 협력이 잘 이루어지지 않고 있다는 것이다. 통합과 분리를 중심으로 오랫동안 논쟁을 해 왔는데, 통합 이전에 연계-협력의 모델을 보이는 것이 중요하다. 혁신교육지구 사업이라든지 마을교육 공동체는 지방자치단체와 교육청의 협력 사례로 볼 수 있다. 단순히 지방자치단체가 예산을 학교에 지원한다는 차원에 그치기보다는 어떤 학생들을 길러 낼 것인가를 중심으로 교육과정을 어떻게 풍성하게 운영할 것인가로 논의가 발전해야 한다.

그런 흐름으로 가야만 지역 연계 교육과정 내지 마을 교육과정이 발전할 수 있다. 자연스럽게 평생교육과 유초중등교육이 연계될 수 있다. 나아가 학교 시설 복합화도 가능하다. 예컨대 학교 바로 옆에 도서관이나 청소년 시설, 어린이집이 있다고 가정해 보자. 돌봄이나 방과후 등의 협력 모델이 가능하다. 이러한 학교 시설 복합화는 학생의 안전과 관리 등의 문제로 추진이 어려운 것도 사실이지만, 교육청과 지방자치단체가 전략과 계획을 잘 세우면 우려 점을 최소화하고, 건물 활용은 극대화할 수 있다.

고등학교 체제를 융합교육의 시선으로 보는 것은 어떠할까? 우리나라는 고등학교의 유형이 다양한 편이나 내용상으로는 획일화된 경향이 있다. 대입 성과를 중심으로 한 서열화 현상도 있고, 부모의 계층 배경과 선발효과 등이 결합되면서 선발권을 가진 학교가 성적 우수 학생들을 선점하는 상황도 나타나고 있다. 어느 고등학교 유형을 희망하는가에 따라 중학생들의 사교육비에도 차이가 나타나고 있다. 문재인 정부에서는 외국어고, 국제고, 자사고를 일몰하려고 했으나 윤석열 정부에서는 이 학교들을 존치하기로 했다.

앞으로는 선발 효과가 아닌 교육과정 공유 내지 네트워크의 개념으로 고등학교를 바라보면 어떨까? 각 학교에서 교육과정을 특성화하고, 이를 지역의 학생들에게 교육과정을 개방하는 체제로 전환할 수 있을 것이다. 영재학교나 과학고도 지역의 학생들에게

원하는 과목을 전면 또는 부분 개방하는 공유 학교 개념이 들어온 다면, 고등학교 교육의 새로운 패러다임을 열 수 있다. 선발한 학생들만을 가르치겠다는 관점에서 벗어나 학교별 특성화를 전제로 지역 내에서 교육과정을 공유한다면 지역 전체가 캠퍼스가 될 수 있지 않을까?

우리에게 정치는 어떤 의미로 다가오는가? 언론에서는 늘 정치인들의 말싸움, 권력을 향한 이합집산의 과정만을 부각하는데, 그러다 보면 정치가 혐오스러운 영역으로 다가온다. 그런데 정치는 매우 소중하다. 대통령, 시도지사, 교육감이 누가 되느냐에 따라 우리가 지키려고 했던 가치와 실천이 더욱 잘 실현될 수도 있고, 좌절이 되기도 한다.

제한된 예산을 어디에 어느 정도의 비중으로 사용할 것인가를 정하는 것도 정치이다. 교육에도 무수히 많은 의제가 있는데, 무엇에 우선순위를 두고 풀어 갈 것인가를 정하는 것도 정치이다. 그런데 혐오의 영역으로 인식되다 보면 소위 말하는 협잡꾼 내지는 전문성이 떨어지는 인사들이 줄을 잘 내서 정치 무대를 장악하게 된다. 구경하는 정치가 아닌 참여하는 정치가 매우 중요한데, 교육의 경우 정치적 중립성을 매우 강조하다 보니 교직원과 청소년들이 정치 참여를 이야기하기 어렵다.

수업 때 교사들이 학생들에게 특정 주제와 이념을 강제로 주입하는 것은 바람직하지 않다. '보이텔스바흐 협약'의 가치가 이럴 때 필요하다. 하지만 교육정책은 정치를 만날 수밖에 없다. 이러한 접점의 공간에서 누군가는 요구하고, 이를 정책화 내지는 제도화해야 한다. 그런 점에서 교원이나 청소년들의 정치 참여는 매우 중요하다. 시도의회나 국회를 보면 교육에 대해 때로는 거의 모르는 인사들이 교육위원회에 들어와서 현장에 도움을 주기는커녕 어려움을 가중시키는 사례도 종종 있다. '그들만의 리그'가 아닌, 모든 시민의 공적 참여 영역으로 정치를 인식해야 한다. 동시에 교원과 청소년들의 정치 참여도 더욱 보장해야 한다. 융합의 가치는 정치에도 충분히 접목될 수 있다.

04 융합교육과 교육정책의 방향

익숙해진 것을 낯설게 바라보고, 낯선 것을 익숙하게 바라보는 연습이 우리에게 필요하다. 운전자의 시선으로는 육교의 불편함을 인식하지 못하지만, 보행자 내지는 노약자의 시선으로 보면 육교의 불편함이 바로 인식된다. 타인의 관점과 다른 생각을 먼저 접해야 한다. 다른 전공, 다른 관점, 다른 문화, 다른 주체의 생각을 먼저 접할 때 성찰이 시작될 수 있다.

학습 공동체의 참여는 융합의 시작이다. 고립된 실천의 영역을 공유와 소통, 성찰, 피드백의 영역으로 전환할 수 있기 때문이다. 이때 동일 교과, 동일 급별 선생님들만 만나기보다는 다른 급별,

다른 교과, 다른 주체들과의 시도해야 한다. 그러한 상호작용을 통해 나의 지평을 넓힐 수 있다.

최대 다수의 최대 행복을 지향하는 삶도 필요하지만, 최소수의 최대 고통에도 우리는 주목해야 한다. 약자의 고통을 인식하고 공감하면서, 그것을 어떻게 바꿀 것인가를 고민하는 과정에서 우리가 배운 지식의 가치는 극대화될 것이다. 다른 사람들의 필요와 고통을 인식하고 긍정적인 변화를 만들기 위해 반드시 필요하다. 그렇게 함으로써, 개인들은 그들의 배움의 가치를 극대화하고 사회의 더 큰 선에 기여할 수 있다.

학교운영위원회에 학생들의 참여를 보장하고 있는가? 교육과정을 구성할 때 3주체의 의견을 얼마나 들었는가? 한 학기를 마친 후, 한 학기를 정리하면서 다음 학기에 대한 3주체의 진솔한 이야기를 듣고, 피드백을 반영하고 실천하고 있는가?

우리가 책을 읽을 때 교육학과 전공만 읽지 않고, 다른 분야의 책을 읽는 것도 융합의 시작이 될 수 있다. 융합교육은 작은 실천에서 시작된다.

융합교육은 어찌 보면 비빔밥과 유사한 속성을 지닌다. 고유한 각자의 재료가 잘 섞여 새로운 맛을 만들어 내지 않는가? 좋은 요리를 만들기 위해서는 요리사의 몸이 고달파야 하는 것처럼, 융합교육은 기존 방식보다는 조금 더 많은 노력을 요구한다. 전문성을 명분으로 폐쇄적인 모습을 고수하지 않는, 지적으로 유연하고 겸손한 모습에서 융합교육은 출발한다. 동시에 삶의 문제와 본질에 더욱 집중한다. 이를 해소하기 위한 핵심 전략으로서 다른 주체, 학문, 영역, 매체와의 접목을 적극적으로 시도한다.

혹자는 대학교 4년에 배운 전공 내용을 가르치기도 버거운데, 어떻게 다른 전공 내지는 학문을 가르칠 수 있느냐며 반문하기도 한다. 그러한 주장이 일리가 없는 것은 아니지만, 그 관점만을 고수하면 평생학습이나 융합교육은 애초에 성립하기 어렵다. 융합교육은 가르침으로부터 도주하려는 학생을 사로잡기 위한 일종의 기법이나 도구 차원에 머무르지 않는다. 융합을 향한 삶의 양식, 태도, 철학이 전제되어야 한다. 그런 관점에서 본다면, 융합교육은 수업과 교육과정의 영역에만 머무르지 않는다. 정치와 정책 역시 융합교육의 철학과 자세, 지식을 바탕으로 새롭게 거듭나야 한다. 융합교육의 확장은 계속되어야 한다. 융합교육은 세상을 좋은 방향으로 바꾸는 방법 중 하나이다.

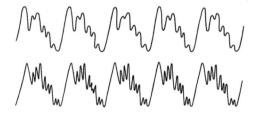

교사들은 융합교육의 중요성을 인식하면서도 수업 설계와 프로그램 개발에 어려움을 겪으며 융합수업 시행에 어려움을 겪는 경우가 흔하다. 그럼에도 교육현장에서 융합교육이 필요한 이유는 이러한 융합교육의 실천들이 학제간 학습을 촉진하고 비판적 사고력을 강화하며 창의성과 혁신을 촉진함으로써 교사와 학생 모두에게 이익이 될 것이기 때문이다. 교육 관련 기관들은 교사가 교실에서 성공적으로 융합교육을 시행할 수 있도록 적절한 지원과 자원을 제공하는 것이 중요하다.

11장

교사의 실천으로부터
출발하는 융합수업 방법론

- 이한나 -

"융합수업의 실천이 어려운 이유는 무엇인가요?"

이 질문에 대한 교사들의 답은 여러 가지일 테지만, 융합교육과 관련해 교사들의 인식을 다룬 연구들(김영민·이영주 외, 2016; 김지연·김신혜 외, 2020; 박정미·이경화, 2019; 신세인·이준기, 2017; 신영준·한선관, 2011; 우연경·김태은 외, 2019; 이만재·권순희, 2017; 이지원·박혜정 외, 2013; 임수민·김영신 외, 2014)에서의 요지는 이렇다.

"융합교육이 중요하지만, 어떻게 수업을 계획하고 실행할지 막막합니다."

대부분의 교사들은 현시대가 요구하는 미래 인재 양성이라는 거시 담론에 공감하고 동의하며 융합교육의 필요성을 인식하고 있었으나, 실제 자신이 하는 수업을 융합수업으로 바꾸지는 못하고 있었다. 이는 교사들이 융합교육의 필요성은 알지만, 실제로 융합수업을 시도하는 경우는 그리 많지 않다는 것을 의미한다. 또 교사들이 수업에서 융합교육을 실행해 본 경험의 유무를 막론하고, 융합교육의 현장 적용 정책들이 시작된 초기부터 최근에 이르기까지 지속적으로 융합수업을 구현하는 데 있어 다양한 차원에서의 어려움들을 토로하고 있었다.

이런 선행연구에서 제시하는 교사들의 어려움 중 하나는 '수업 설계(프로그램 개발)'에 대한 것이 큰 비중을 차지하고 있었다. 교사들은 융합교육을 위한 융합수업 설계를 어렵고 부담스럽게 느끼고 있었다. 이에 교사들은 교육 당국 등에 융합수업 프로그램을 개발하는 방법, 수업 설계 및 구성에 관한 지식을 습득할 기회, 수업에서 활용할 만한 모듈을 개발해서 보급해 줄 것 등을 요청하고 있었다.

그렇다고 해서 교육 당국에서 그동안 교사들이 융합수업을 설계하는 능력을 키우도록 돕는 노력을 하지 않은 것도 아니다. 융합교육과 관련해 다양한 교사 연수를 시행해 왔고, 연구학교나 선도학교, 교사 연구회를 운영하며 우수 사례를 개발해서 보급해 왔으며, 융합교육 프로그램이나 관련 교재를 개발해서 필요로 하는 학교나 교사에게 보급해 왔다. 이런 노력에도 불구하고 교사들은 여전히 융합수업 하기를 어려워하고, 융합수업을 설계하고 실행하는 데 도움이 될 만한 방법론, 지식 등을 필요로 하는 이유는 무엇일까?

이는 한편으로 교육 현장에 정착하지 못하고 잠시의 유행처럼 지나간 여러 교육 정책들과 같이, 작금의 융합교육 정책도 "시작부터 하향식으로 진행하여 교사의 자발적 동참을 이끌기 힘든 구조이기 때문"(이만재·권순희, 2017: 154)일 수 있다. 또 융합교육의 필요성에 동의하고 자발적으로 동참하고자 하는 의지를 가진 교사들에게도 '적절한' 도움을 제공하지 못하고 있기 때문일 수 있다. 여러 연수나 자료를 공개하고 제공함에도 불구하고 교사들은 융합인재교육(STEAM)이 주가 되어 논의되고 있는 융합교육의 개념을 이해하는 데 있어 혼란스러워한다는 연구 결과(이만재·권순희, 2017: 130)나 융합수업을 할 때 개발되어 있는 모듈을 사용하는 교사는 거의 없지만 모듈 개발에 대한 요구는 매우 높다는 연구 결과(임수민·김영신 외, 2014: 137)들이 이를 뒷받침한다.

물론 그동안 융합교육 관련 연구 분야에서도 융합교육을 위한 모형과 다양한 융합수업 프로그램들을 개발해 왔다. 그러나 교사들이 융합수업을 설계하는 데 활용할 수 있는 교육과정 모형이나 수업 모형을 개발한 선행 연구들은 대부분 문헌 연구를 기반으로 한 것이었다. 모형을 개발하는 데 중점을 둔 방식은 국내외 융합교육, 융합수업의 개념, 특징, 구성 요소 등과 관련된 문헌이나 융합과 관련지을 수 있는 통합적 접근과 관련된 문헌들을 분석하거나(김성원·정영란 외, 2012; 최유현·노진아 외, 2012; 이영태·남창우, 2015), 이미 개발되어 있는 모형을 분석하여 발전시키거나(김유경·방정숙, 2015; 이동희·김진옥 외, 2015), 융합교육과 연계할 수 있는 다른 수업 방법을 분석하고 접목하는(강영숙·구은정, 2016; 박주경, 2021) 것이었다. 이런 연구들이 교사의 실행을 돕고자 하는 의도에도 불구하고, 교사들은 여전히 "교사가 사용하기 쉬운 방법(임수민·김영신 외, 2014: 142)", "현장 적용성이 높은 방법(이만재·권순희, 2017: 155)"을 필요로 하고 있다. 이런 점을 고려할 때, 교사들이 실제로 실천하도록 이끄는 융합교육 방법론을 개발하는 일은 기존의 방식들과는 다른 접근이 필요하다는 결론을 내릴 수 있다.

이에 이 연구에서는 교사가 실제로 자신의 일상적인 수업 일부를 융합수업으로 바꾸거나 새로운 융합수업에 도전할 수 있도록 하는 방안으로, 교사들이 실제로 수업을 설계하는 방식, 즉 실제적 방식으로 접근하였다. 즉 교사들이 이해하는 융합교육과 교사들이 할 수 있는 융합수업에 가장 미시적으로 근접하는 융합수업 절차 모형을 개발해 보고자 한다.

따라서 융합수업 모형 개발의 출발점을 교사가 현재 이해하고 실천하는 융합교육에 둔다. 교사의 이해(혹은 지식)는 교사가 하는 수업 경험(지적·실제적 경험)을 통해서 형성된다(Elbaz, 1983; 이한나, 2019)는 점에서, 교사의 이해에서 출발하는 융합수업 모형은 교사가 융합수업 경험을 통해 형성한 앎들(지식, 태도 등)을 반영한다. 이런 관점에서 이 연구에서 개발하여 소개하는 융합수업 모형은 한편으로는 교사의 융합교육에 대한 이해를 고려하고, 동시에 교사가 융합수업을 설계해서 실천할 수 있는 가능성 및 개연성을 우선시하였다.

02 교사의 실천으로부터 융합수업 모형 도출하기

교사가 실제로 융합수업을 설계하는 방식, 즉 교사의 실천으로부터 출발하여 융합수업을 개발해 보고자 하는 시도는 조셉 스왑 (Joseph J. Schwab)의 'The practical'(Schwab, 1969; 1971)을 기반으로 김세영이 연구 방법론으로 고안한 실제적 접근 방법을 다음과 같이 절충하여 활용하였다(김세영, 2015).

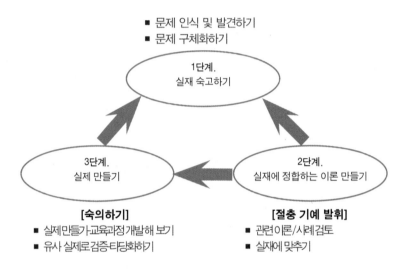

〈그림 1〉 연구 방법 : 실제적 접근

융합수업 모형 초안을 개발하는 과정에서는 '1단계 실재 숙고하기'와 '2단계 실재에 정합하는 이론 만들기'를 활용하였다. 즉 개발 과정에서 실제 기예와 절충 기예를 발휘하였다. 그리고 이 초안을 수정·보완하면서 타당화하는 과정에서 '3단계 실제 만들기', 즉 '숙의하기'를 활용하였다.

초안 모형 개발

이 연구에서의 융합수업 모형은 교사들이 형성하고 있는 융합교육에 대한 이해와 이를 수업으로 설계하고 실천하는 방식에 맞춰서 구안하였다. 이 과정에는 K대학 교육대학원의 2020-2학기 '융합교육 콜로키움2' 강좌를 수강한 유초중등 교사 12명이 제공한 자료를 활용하였다. 먼저 전체가 참여하여 융합교육에 대한 대화를 나누고, 이후에는 3인 1조(총 4조)로 나누어서 각 조에서 합의한 융합수업 절차를 협의하여 하나의 모형으로 구안하고 발표 및 질의응답, 첨언하며 서로의 모형을 공유하였다.

융합수업 모형 개발을 위한 원칙 도출

먼저 12명의 교사들이 각 조에서 융합교육과 융합수업에 대한 대화를 나누었다. 이 대화는 주로 자신이 생각하는 융합수업을 말하고, 궁금한 것에 대해 듣는 이들과 함께 질문하고 답하는 방식이었다. 이를 통해 교사들이 이해하는 융합교육을 공유하고 서로의 이해에서 공통점들을 접해 보았다. 연구자들은 참여 교사들이 나눈 대화 내용을 키워드 분석하고, 키워드를 종합하여 다음의 〈표 1〉과 같이 융합수업 모형의 원칙을 도출하였다.

1차 분석은 교사들의 대화 내용으로부터 교사들이 융합교육 및 융합수업에서 가장 중요하고 핵심이라고 생각하는 키워드들을 분석하였다. 이를 위해 조별 교사들의 대화 내용을 대화 쌍으로 전사

과정		목적	과정	방법
키워드 분석	1조	학습자의 전인적 성장 인성 함양	점진적 확장	소통, 공감
	2조	창의적 사고의 신장 새로운 가치의 창출	크리아테(당면한 문제해결을 위한 창조)	협업
	3조	사고의 확장 복합적 이해 능력의 신장	다양한 관점에서의 접근. 다양한 학문(교과)과의 연계	능동적 참여(학습자) 융통성, 변형(교수자)
	4조	사고의 (폭) 확장 안목, 관점, 시각의 확장	새로운 생각을 경험할 기회 제공	의사소통(토의, 토론)
키워드 종합		새로움의 창출 -새로운 이해 -새로운 지식 -새로운 가치 -새로운 태도 등	만남의 과정 -다양한 관점 -다양한 생각 -다양한 학문/ 교과 등	소통 각자의 생각으로: -소통하고 -공감하며 -참여하기
수업 설계 원칙		원칙 1: 새로운 이해나 지식, 가치, 태도 등을 만들어 내는 과정으로 설계한다.	원칙 2: 다양한 생각이나 관점(책, 사람, 교과 등)을 만날 수 있도록 설계한다.	원칙 3: 적극적으로 소통하도록 설계한다.
		원칙 4: 상황이나 학습자에 따라 가변적인 과정으로 설계한다.		

하고 대화 쌍에서 융합교육이나 융합수업 절차와 관련하여 빈번하게 등장하는 단어들을 도출하였다. 이후 이 단어들을 사용하는 맥락을 고려하여 함께 묶을 수 있는 단어들을 묶어 상위 범주를 도출하였다. 그 결과 융합교육 및 융합수업의 목적, 과정, 방법으로 범주화할 수 있었다. 교사들은 융합수업이라면 학습자의 전인적 성장(인성 함양), 사고의 신장 및 확장, 새로운 가치, 복합적 이해, 안목, 관점, 시각 형성 등을 추구해야 한다고 생각하고 있었다. 무엇보다

일련의 학습 과정을 거쳐서 학생들은 다양한 관점이나 생각, 학문 등을 접하고 자신의 초기 생각을 점점 확장할 수 있는 경험 기회를 제공해야 한다고 생각하였다. 또 이 과정에서 학습자들이 능동적으로 소통, 공감, 참여하는 학습 방법이어야 한다고 생각했다.

2차 분석에서는 각 키워드들 간의 유사성을 중심으로 융합수업의 목적, 과정, 방법 범주의 각 키워드들을 하나의 키워드로 종합하였다. 이에 교사들이 생각하는 융합교육을 구현하는 융합수업은 새로운 이해, 지식, 가치, 태도 등을 추구하는 '새로움 창출을 지향'하고, 그 과정은 '자신의 생각을 확장하는 다양한 만남이 있는 과정'이며, 그 과정에서 학습자들은 서로의 생각이 '소통하는 방식'이어야 한다는 키워드를 도출할 수 있었다.

마지막으로 교사들이 이해하고 있는 융합교육과 융합수업 절차에 대한 대화를 분석하여 종합한 키워드를 통해 융합수업을 설계할 때 반영하는 수업의 원칙 네 가지를 도출하였다.

융합수업 모형 구안

융합교육에 대한 원칙을 도출한 후에는 후속해서 두 번째 활동을 수행하였다. 교사들을 3인 1조(총 4조)로 나누고, 각 조에서 생각한 융합교육에 적절한 수업을 하기 위해서는 어떤 절차를 따를 수 있는지 협의하여 절차 모형을 구안하였다. 이렇게 구안한 절차 모

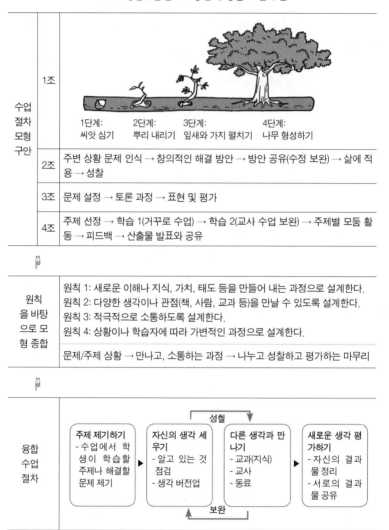

형을 발표하고 질의응답 및 서로 의견을 나누는 시간을 가졌다.

연구자들은 이 과정에서 각 조의 교사들이 나눈 대화를 분석하여, 한편으로는 각 조의 융합수업 모형을 종합하고, 동시에 이 연구에서 도출한 융합수업 설계의 원칙을 반영하여 이 연구의 융합수업 모형 초안을 도출하였다.

4개의 조에서 융합수업 절차로 '나무' 모형(1조), '크리아테' 모형(2조), '연계와 확장' 모형(3조), '주제' 모형(4조)을 제안했고, 서로의 모형에 대한 대화를 통해서 상황/ 만나고 소통하는 과정/ 나누고 성찰하고 평가하는 과정에 대한 합의가 있었다. 이 대화를 기반으로 융합수업 설계 원칙을 반영하여 연구자들은 주제 제기하기 → 자신의 생각 세우기 ⇄ 다른 생각과 만나기 → 새로운 생각 평가하기를 융합수업 모형 초안으로 합의하였다.

먼저 1단계는 '주제 제기하기'로, 교사는 수업에서 학습자가 학습할 주제나 해결할 문제를 제기한다. 2단계에서는 '자신의 생각 세우기 ⇄ 다른 생각과 만나기'의 순환으로, 학습자가 주제와 관련하여 자신이 알고 있는 것을 성찰하고 점검하여 생각을 정리하고, 다른 교과(지식)나 교사, 동료의 생각과 만나는 반복적인 과정을 통해 자신의 생각을 보완하며 생각을 발전 및 확장시켜 나간다. 3단계 '새로운 생각 평가하기'에서는 앞선 두 단계를 통해 발전 및 확장시킨 생각을 정리하고 서로의 결과물을 공유하며 학습의 결과물을 평가한다.

〈표 3〉 융합수업 연구자 숙의 집단

〈표 3〉 융합수업 연구자 숙의 집단

참여/구분	이름	소속	최종 학력	연구 경험	수업 경험
연구자 집단	A	**연구소	박사	유	무
	B	**연구소	박사	유	유
	C	**초등학교	박사과정	유	유
	D	**기업(교육 플랫폼 관련)	석사	유	유
교사 집단	E	**초등학교	석사과정	유	유
	F	**초등학교	석사과정	무	유
	G	**중학교	석사과정	유	유
	H	**고등학교	석사과정	무	유

초안 모형 수정·보완 및 타당화

융합수업 모형 초안은 융합교육 연구자 집단(4명)과 교사 집단(4명)이 숙의 과정을 거쳐 수정·보완하고 타당화하였다. 이 과정에는 〈표 3〉과 같이 두 숙의 집단이 참여하였다.

한 집단은 융합교육 분야 연구자 집단으로 초안의 모형이 융합교육을 구현하는 데 적합하고 적절한지를 검토하였다. 즉 이 모형이 실제를 만들어 내는 데 기능할 수 있는 가능성을 검토하였다. 연구자 집단 숙의에는 융합교육 관련 학위(석사 이상)를 소유하고 융합교육 관련 연구 경험을 가진 융합교육 연구자 4인이 참여하였다.

또 한 집단은 교사 집단으로 이 모형을 적용해서 실제로서의 융합수업을 만들어 보고, 유사 실제로서 가능성을 검토하였다. 교사 집단 숙의에는 1단계 연구 진행을 위해 자료를 제공한 초중등 교사들 중 숙의에 참여하고자 하는 의사를 밝힌 4인이 참여하였다. 이들 모두는 교육 현장에서 융합교육을 실천해 본 경험이 있거나 일상적으로 융합교육을 실천하고 있는 교사들이었다.

연구자 집단의 숙의를 통한 초안 보완 및 적합성 검증

융합교육 분야의 연구자들로 구성한 1차 숙의 집단과의 숙의를 거쳐 융합수업 모형 초안을 수정·보완하는 동시에 적합성 검증을 하였다. 이에 1차 숙의는 구안한 융합수업 모형의 단계 및 주요 활동 등이 융합교육의 철학과 목적에 비추어 타당하고 적절한 것인지를 초점으로 이루어졌다. 숙의 내용은 다음과 같이 종합 정리하여 초안 모형을 다음과 같이 수정·보완하는 데 반영하였다.

첫째, 융합수업 절차 단계의 적합성에 대하여 숙의하였다. 숙의 결과 전반적으로 융합교육의 특성을 잘 반영하여 구안하였다는 점에서 의견을 같이하였다. 세부적으로 다음 사항을 반영하여 모형을 보완하였다. ① 단계명의 일관성을 위해서 학습자(의 활동) 입장으로 통일하였다. 이에 주제 제기하기는 주제 정하기로 수정하였다. ② 자신의 생각이 다른 생각과의 만남을 통해 확장되어 가는 과정으로서 2단계와 그 과정의 결과물로서의 새로운 생각을 평가하는 3단계 사이에 자신의 생각을 정리할 수 있는 단계가 추가될 필요가 있다는 점을 반영하여 '새로운 생각 정리하기' 단계를 추가하여 절차를 3단계에서 4단계로 수정하였다. ③ 2단계에서 자신의 생각과 다른 생각이 순환한다는 점을 좀 더 시각적으로 드러나도록 보완하였다.

둘째, 주요 활동의 적합성을 숙의한 결과, ① 2단계의 다른 생각과 만나기의 주요 활동에서 만남과 소통의 대상이 되는 교과(지식)를 '관련 지식'으로 수정하여 학습자가 수업에서 자신의 생각을 확장시켜 나가기 위해 활용할 수 있는 지식을 교과 지식으로 한정 짓지 않도록 수정하였다. ② 학습자가 새로운 생각을 만들어 가는 데 있어 소통의 대상으로서 교사가 지금까지의 수업 관행에 따라 일방적이고 권위적인 지식 전달자의 입장으로 학습자의 생각에 절대적인 영향을 미치는 것을 경계하기 위해 교사와 동료를 '타인'으로 묶고, 활동을 구체화하여 '타인과 토의하기'로 수정하였다. ③ 새로운 생각 평가하기 단계의 주요 활동을 새롭게 추가한 '새로운 생각 정리하기' 단계의 하위 활동으로 조정하고, 평가 단계에 적합한 주요 활동으로 '서로의 결과물 피드백하기'와 '자신의 학습과정 돌아보기'를 구성하였다.

셋째, 융합수업 절차 모형에 대한 설명을 숙의한 결과, 모형 설명 내용을 다음과 같이 보완하였다. ① 융합적·창의적 사고나 역량의 배양을 목적으로, 문제를 해결하는 다양한 방법을 모색하는 융합수업의 과정을 수행하다 보면 자연스럽게 관련 지식을 습득하고 교과 이해에 도달할 수 있다는 의견을 반영하였다. 이에 이 모형에서 안내하는 융합수업이 겨냥하는 직접효과와 간접효과의 내용을 조정하였다. ② 모형을 활용하여 수업을 설계할 교사들에게 보다 구체적인 안내를 제공할 필요가 있는 부분으로 수업에서 주제나 문제가 학습자에게 부여되는 방식이나 다른 생각을 소통하는 데 활용할 수 있는 매체나 도구에 대한 설명을 보완하였다.

교사 집단 숙의를 통한 초안 보완 및 적절성 검증

1차 연구자 집단 숙의를 통해 융합교육을 위한 수업 모형으로서 적합성을 검토하여 초안을 수정·보완한 후, 수정한 모형을 대상으로 2차 교사 집단과의 숙의를 거쳤다. 교사 집단 숙의는 주로 이 모형이 실제로 교사가 활용하기에 적절한지 그 가능성을 점검하는 방식으로 접근하였다. 이 2차 숙의는 두 차례 수행하였는데, 먼저 '모형의 이해 가능성'을 점검하였고 다음으로는 모형을 직접 적용하여 융합수업을 설계하고 실행해 보며 '모형의 실행 가능성'을 점검하였다. 이 두 차례의 교사 집단 숙의 결과는 다음과 같다.

첫째, 이 연구에서 개발한 융합수업 모형을 교사가 직관적으로 이해할 수 있는지 그 가능성에 관해 숙의한 결과, 참여 교사 모두 모형을 보고 수업 활동들을 어떻게 구상해야 하는지 이해할 수 있다는 공통된 의견을 보였다. 특히 일상적으로 융합수업을 실행하고 있는 H 교사의 경우, 평소에 하고 있는 수업이 모형의 절차와 유사하다는 의견이었다. 이에 이 연구에서 구안한 모형의 단계 및 주요 활동을 교사들이 이해하고 수업 활동으로 구상해 내는 것이 가능하다는 점을 확인하였다.

둘째, 숙의에 참여한 교사들이 융합수업 모형을 기반으로 수업을 설계하고 실행해 본 결과, 모형의 적용이 융합수업을 안내할 수 있다는 데 의견을 같이하였다. 또 이 모형을 적용하여 실행한 융합수업 이후 학생들에게 학습에 임하는 자세나 태도에 유의미한 변화를 관찰할 수 있었다는 점에서 이 모형이 안내하는 융합수업의 효과를 긍정적으로 평가한 의견도 있었다. 이에 모형을 활용하여 융합수업을 실행하는 것이 가능하다는 점을 확인하였다.

셋째, 융합수업을 실행해 본 후 교사들의 숙의를 통해 모형의 주요 활동이나 설명에서 보완이 필요한 부분을 다음과 같이 수정·보완하였다. ① 1차 숙의를 통해 추가하고 정돈하였던 '새로운 생각 정리하기'의 '서로의 결과물 공유하기'와 '새로운 생각 평가하기'의 '서로의 결과물 피드백하기'가 실제 수업의 맥락에서 중복되는 활동으로 다루어진다는 숙의 결과에 따라 이를 4단계의 하위 활동으로 조정하였다. ② 모형의 이해와 적용을 돕기 위해 추가적인 설명이나 안내가 필요한 부분으로, 주제 정하기 단계에서 주제로 다루기에 적절한 것에 대한 안내와 생각을 발산하고 다른 생각을 소통할 수 있는 예시를 보완하였다. 다만 융합수업의 원칙 중 하나가 "상황이나 학습자에 따라 가변적인 과정으로 설계한다"라는 점에서 모형의 단계와 활동에 대한 설명에서 지나치게 상세한 예시나 구체적인 지침을 제시하지 않았다.

03 교사의 실천에 기반한 융합수업 모형

융합교육에 대한 교사들의 이해에서 도출한 융합수업의 원칙을 반영하여 구안한 융합수업 모형을 연구자 집단 숙의와 교사 집단 숙의를 거쳐서 수정·보완하여 다음과 같이 확정·완성하였다.

이 모형이 지향하는 융합교육

이 융합수업 모형을 통해 구현하고자 하는 융합교육은 지식을 다루는 수업을 넘어 현상을 보는 다양한 관점을 인식하고, 자신만의 고유한 사고방식을 발전시켜 가는 교육이다. 이 과정에서 자신과 타인, 주변을 이해하고, 소통·공감하면서, 종국에는 창의적인 사고를 할 수 있도록 하는 수업을 지향한다.

융합수업 설계의 원칙

교사들이 이해하는 융합교육 및 융합수업에서 도출한 것으로 융합수업을 설계할 때 반영할 원칙이자 이 융합수업 모형을 구안하는 데 반영한 융합수업 설계의 원칙은 다음의 네 가지이다.

첫째, 새로운 이해나 지식, 가치, 태도 등을 만들어 내는 과정으로 설계한다.

둘째, 다양한 생각이나 관점(책, 사람, 교과 지식 등)을 만날 수 있도록 설계한다.

셋째, 적극적으로 소통하도록 설계한다.

넷째, 상황이나 학습자에 따라 가변적인 과정으로 설계한다.

융합수업 모형의 단계 및 주요 활동

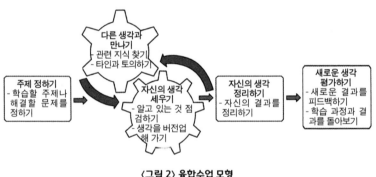

〈그림 2〉 융합수업 모형

1단계: 주제 정하기

융합수업의 첫 단계는 '주제 정하기'로, 이 단계에서는 수업에서 다룰 주제나 수업을 통해 해결할 문제를 정한다. 이때 주제나 문제는 학습자가 이미 누적되어 있는 지식을 단순히 습득 및 적용하는 것을 넘어 학습자의 생각을 확장시켜 새로운 생각을 할 수 있는 가능성을 가진 것으로 선정하도록 한다. 또한 수업의 결과물로 새로운 물건을 만들어 내는 것뿐만 아니라 새로운 이해나 지식, 가치, 태도 등을 산출할 수 있음을 염두에 둘 필요가 있다.

주제 정하기가 수업의 한 과정으로 이루어지는 만큼, 교사는 수업 전 주제를 미리 선정하여 일방적으로 제시하기보다는 교사와 학습자가 함께 수업에서 다룰 주제를 탐색하여 정하거나, 교사가 주제의 범위를 제시하여 주고 그 범위 안에서 학습자가 가진 흥미나 관심, 수준에 적합한 주제를 정할 수 있도록 안내한다.

2단계: 자신의 생각 세우기 ⇄ 다른 생각과 만나기

두 번째 단계는 '자신의 생각 세우기'와 '다른 생각과 만나기'를 계속 순환한다. 이 단계에서는 먼저 학습자 개개인이 수업에서 다룰 주제와 관련해서 자신이 알고 있는 것들을 성찰하고 점검하면서 자신의 생각1을 만든다. 그런 후 생각1 버전을 갱신하는 데 필요한 다른 생각들을 접한다. 가령 학습자는 관련 지식들(교과나 범교과적인 지식 등)을 탐색하기도 하고, 선지식자인 교사나 동료(친구) 등 타인과 토의하며 의견을 교환한다. 이렇게 해서 자신이 한 첫 번째 생각1과 관련지어 보고, 결국 생각1을 보완하여 생각2를 만든다. 이 과정을 반복 ⇄ 순환하면서 자신의 생각을 1→2→3…으로 확장해 간다.

이 과정에서 교사는 한편으로는 학습자의 소통의 대상이 되어 학습자가 생각을 확장시켜 나가도록 교사가 가진 선지식을 공유할 필요가 있는데, 이때 교사는 일방적으로 지식을 전달하지 않도록 주의한다. 또 다른 한편으로 교사는 학습자가 필요로 하는 지식을 얻을 수 있는 과정을 안내하거나 필요한 자료를 제공하는 등 학습자의 학습을 안내하는 역할을 수행한다. 또한 마인드맵이나 스크래치, 4D 프레임, 비주얼 싱킹, 디자인 싱킹 등 적절한 매체나 도구를 제공하여 학습자가 사고를 발산하고 가시화하여 공유할 수 있도록 도울 필요가 있다.

3단계: 새로운 생각 정리하기

세 번째 단계는 '새로운 생각 정리하기'로, 2단계에서 학습자가 자신의 생각을 다른 생각과 소통하며 보완하거나 갱신하고 확장시켜서 산출한 학습의 결과물(새로운 이해, 지식, 가치, 물건 등)을 스스로 정리해 본다. 학습 결과인 새로운 생각은 글이나 그림, 영상, 제작물 등 다양한 형태로 정리할 수 있는데, 학습의 맥락이나 학습자의 선호나 수준을 고려하여 방법을 선정한다.

교사는 두 번째 단계에서 현 단계로의 이행을 학습자마다의 차이를 고려하여 융통성 있게 진행할 필요가 있다. 학습자가 생각을 정리하는 과정에서 교사는 학습자가 자신의 생각을 결과물로 잘 표현해 낼 수 있도록 개별적인 피드백을 제공하고 돕는다.

4단계: 새로운 생각 평가하기

마지막 단계는 '새로운 생각 평가하기'로 학습자가 정리한 학습의 결과물을 공유하고 피드백하며 서로의 학습 결과물을 평가한다. 또한 자신의 학습 과정과 결과를 돌아보며 스스로의 학습을 평가한다. 평가하기 단계는 무엇보다도 학습자가 학습을 통해 형성한 생각을 공유하고 피드백을 받음으로써 다시 한번 보완하고 확장시키는 학습의 한 과정으로 이루어질 수 있도록 한다.

이를 위해 교사는 학습자가 산출한 결과물을 통해 수업에서 선정한 문제를 해결해 보며 새로운 생각을 스스로 평가한다. 또 자신의 생각을 공유하여 얻은 피드백을 반영하여 자신의 생각을 보완할 수 있는 방안을 마련해 볼 수 있다. 학습자가 스스로의 학습을 평가할 때에는 학습의 결과뿐만 아니라 학습의 과정을 돌아보며 과정과 결과를 모두 평가할 수 있게 한다. 이러한 평가의 과정에서 교사는 상호 평가지나 자기 평가지 등 적절한 평가 도구를 사용할 수 있다.

04 또 다른 교사의 실천을 기대하며

최근 교육 현장에서는 융합교육의 필요성이 강조되며 융합교육의 실현을 위한 많은 정책이 펼쳐지고 있지만 교사들은 여전히 융합교육에 필요한 방법론적인 도움을 원한다. 이에 이 연구에서는 교사가 수업을 통해 융합교육을 할 수 있도록 지원하는 방안으로 '교사의 이해와 실행에 기반한' 융합수업 모형을 개발하고자 하였다.

이를 위해 먼저 융합교육을 접하고 수업으로 실행하는 교사들이 융합교육의 이론 및 실제에 관하여 형성한 이해에 기반하여 융합수업의 설계 원칙을 도출하였다. 그리고 이 수업 설계 원칙에 기초하여 융합수업 모형 초안을 구안하였다. 융합수업 모형 초안은 융합교육 연구 분야의 연구자 집단 숙의를 통해서, 융합교육의 철학과 목적에 비추어 모형의 타당성을 검토하여 초안을 수정·보완하였다. 수정 모형은 모형을 직접 적용하여 융합수업을 설계하고 실행해 보는 교사 집단과의 숙의를 통해 모형의 적절성 및 실행 가능성을 검토하고, 다시 한번 모형을 수정·보완하여 최종 모형으로 완성하였다.

융합 수업 모델의 개발은 교사들이 수업을 통해 융합 교육을 제공할 수 있도록 지원하는 중요한 단계이다. 설계원리를 도출하고 교사에 대한 이해와 실행을 바탕으로 초안 모형을 고안한 후 연구자와 교사의 집단심의를 통해 이를 수정하고 보완함으로써 교사들이 전형적으로 사용하는 교수법을 반영한 최종 모형을 만들었다. 이러한 최종 모델은 융합수업의 설계와 실행을 위한 지침과 방향을 제공하기 때문에 수업에서 융합교육을 구현하고자 하는 교사들에게 귀중한 자료가 된다. 이 모형의 활용을 통해 융합교육에 대한 이해와 실천을 축적함으로써 교사들은 교육현장의 융합교육 방향 실현에 더욱 기여할 수 있다.

교사의 이해와 실행에서 출발한 융합수업 모형 개발은 무엇보다 교사들이 늘 하는 수업 방식을 반영하고 있다는 점에서 융합수업을 시도하려는 교사들이 어렵지 않게 참고할 수 있을 것이다. 기대하기로는 이 연구에서 도출한 융합수업 모형을 기반으로 교사들이 자신이 만나는 학생들, 교육 환경과 같은 구체적인 상황에 맞추어 자신만의 융합수업을 만들어 감으로써 융합교육에 대한 이해와 실천이 누적되어 가고, 나아가 교육 현장에 융합교육의 지향이 실현되어 가는 데 작은 기여를 할 수 있기를 바란다.

참고문헌

1장

융합교육연구소(2018), 『자유학기제 교사용지도서 프로그램북: 서로 다른 눈으로 바라보는 신기한 수학』, 이모션미디어.

이상희·백성혜(2013), 「Archimedes의 창의적 문제해결과정 분석을 통한 과학교육에의 함의 고찰」, 『한국과학교육학회지』 33-1, pp.30~45, 한국과학교육학회.

A. Einstein·L. Infeld(1938), 『The evolution of physics』, NYC: Simon & Schuster.

2장

교육부(2022), 『초·중등학교 교육과정 총론』, 교육부.

과학기술정보통신부(2022), 『디지털 인재양성 종합방안』, 과학기술정보통신부.

정제영·김갑수·박보람·박휴용·유연주·전우천·정영식·조헌국·최숙영·하민수(2020), 『AI 융합교육의 이해』, AI융합교육연구·지원센터.

김태령·류미영·한선관(2020), 「초중등 인공지능 교육을 위한 프레임워크 기초 연구」, 『인공지능연구 논문지』 1-1, pp.31~42, 한국인공지능교육학회.

한선관·류미영·김태령(2021), 『AI 사고를 위한 인공지능 교육』, 성안당.

AI융합교육연구·지원센터(https://www.ebssw.kr/aied).

McKinsey(2018), 「Notes from the AI frontier: Modeling the impact of AI on the world economy」, 『McKinsey & Company Discussion Paper』.

F. Miao·W. Holmes·R. Huang·H. Zhang(2022), 『Guidance for Policy-makers, Artificial Intelligence (AI)』, UNESCO.

Microsoft(2022), 『Microsoft Computer Science Curriculum Toolkit』, Microsoft. Retrieved from: https://www.microsoft.com/en-gb/education/lcw/computerscience

R. Michalski·J. Carbonell·T. Mitchell(2013), 『Machine Learning: An Artificial Intelligence Approach (Volume I)』, Springer.

S. Russell·P. Norvig(2021), 『Artificial Intelligence: A Modern Approach』, Pearson.

K. Schwab(2016), 「The fourth industrial revolution」, 『Geneva: World Economic Forum』, pp.1~73.

T. Mitchell·J. Carbonell·R. Michalski(2012), 「Machine Learning: A Guide to Current Research」, The Springer International Series in Engineering and Computer Science(12)』, Springer Science & Business Media.

UNESCO(2021), 『K-12 AI curricula: A mapping of government-endorsed AI curricula』, UNESCO.

J. Wing(2006), 「Computational thinking」, 『Communications of the ACM』 49 -3.

3장

머레이 셰이퍼(2008), 『사운드스케이프: 세계의 조율』, 한명호·오양기 옮김, 그물코.

M. Schafer (1994), 『The Soundscape: Our Sonic Enviroment and the Tunning of the World』, Destiny Books.

머레이 셰이퍼(2015), 『소리교육2: 소리와 음악 창작을 위한 75가지 연습 노트』, 한명호·박현구 옮김, 그물코.

임새롬(2022), 「맥신 그린(Maxine Greene)의 예술교육철학을 바탕으로 한 예비 음악교사 대상 융합기반 음악교육 수업설계 및 적용」, 한국교원대학교 박사학위논문.

Maxine Greene(1995), 『Releasing the Imagination: Essays on education, the arts, and social change』, San Francisco: Jossey Bass.

Michael Southworth(1969), 「The Sonic Environment of Cities」, 『Environment and behavior』 1-1.

4장

박지원(2016), 『열하일기』 I , 이가원 옮김, 올재.

주현식·백성혜·오윤선(2022), 「구글어스를 활용한 문학지리 교육-학습자의 『열하일기』 장소체험을 중심으로-」, 『문학교육학』 76, pp.503~545, 한국문학교육학회.

Franco Moretti(2005), 『Graphs, Maps, Trees: Abstract Models for a Literary History』, Verso.

T. Rossetto(2016), 「Geovisuality: Literary Implications」, 『Literary Mapping in the Digital Age』, pp.258~275, Routledge.

5장

강현주·정현선(2009), 「학습만화 '초등만화 학습만화 WHY? 시리즈'와 '살아남기 시리즈의 스토리텔링 방식과 독자인식에 관한 연구」, 『독서연구』 21, 한국독서학회.

구본관·윤여탁·김종철·유준희·구자현·고정희·윤대석·서명희·이지수·조진수(2018), 『언어 중심의 교과 융합교육』, 사회평론아카데미.

김대행·우한용·정병헌·윤여탁·김종철·김중신·김동환·정재찬(2000), 『문학교육원론』, 서울대학교출판문화원.

김종철·이명찬·양정호·김종욱·황혜진·신중진·조하연·주재우·임호원·박혜영·이진용(2014a), 『국어 II』, 천재교육.

김종철·이명찬·양정호·김종욱·황혜진·신중진·조하연·주재우·임호원·박혜영·이진용(2014b), 『국어 II 지도서』, 천재교육.

류수열·유지은·이수라·이용욱·장미영·주경미(2007), 『스토리텔링의 이해』, 글누림.

박만구·조가현(2013), 「스토리텔링 수학교과서, 베일을 벗다」, 『수학동아』 Vol.42, 동아사이언스.

박인기(2011), 「스토리텔링과 수업 기술」, 『한국문학논총』 59, 한국문학회.

박인기·이지영·이미숙·김지남·김수미·이지영·강문경·채현정·최영경·성나래(2013), 『스토리텔링과 수업기술』, ㈜사회평론아카데미.

박희병(1993), 『조선후기 전의 소설적 성향 연구』, 성균관대학교 대동문화연구원.

오윤선(2015), 「고전문학교육에서의 스토리텔링 활용 일고찰 - 교과서 제재 학습활동 사례를 중심으로 -」, 『청람어문교육』 53, 청람어문교육학회.

윤여탁·최미숙·김정자·정현선·송여주(2008), 『매체언어와 국어교육』, 서울대학교출판문화원.

이지영(2012), 「스토리텔링 수업 기술의 국어 수업 적용 연구」, 『청람어문교육』 45, 청람어문교육학회.

조정래(2010), 『스토리텔링 육하원칙-신문을 활용한 스토리텔링 창작법』, ㈜한국방송통신대학교출판부.

조혜민(2021), 「스토리텔링 기반 융합지리교육 프로그램의 개발 및 적용」, 한국교원대학교 석사학위논문.

주현식·백성혜·오윤선(2020), 「창의융합 교육의 관점에서 본 문학 교과서의 문제와 대안-창의융합교육 제재로서의 드라마 〈대장금〉」, 『문화와 융합』 42-6, 한국문화융합학회.

최시한(2010), 「스토리텔링 교육의 방법 모색-스토리와 그 '처음상황' 설정을 중심으로-」, 『대중서사연구』 16-2, 대중서사학회.

최인자(2015), 「사회정서 학습을 위한 내러티브 기반 교과융합 인성교육」, 『국어교육연구』 36, 국어교육학회.

최인자(2021), 「내러티브 사고력 중심의 융합교육 방법」, 『청람어문교육』 81, 청람어문교육학회.

최혜실(2009), 「문학교육에서 바라본 문학의 힘: 문학, 문화산업, 문학교육의 연결고리로서의 스토리텔링」, 『문학교육학』 29호, 한국문학교육학회.

한국교원대학교 교육연구원(2012), 『초중등 스마트 콘텐츠 개발 연구 보고서』, 한국교원대학교 출판부.

한명숙·조영미(2020), 「초등수학 교과서 스토리텔링의 서사 분석」, 『한국초등교육』 31-2, 서울교육대학교 초등교육연구원.

한철우·박호영·선주원·이상구·박신영·오택환·이강빈·이준현(2019). 『고등학교 문학』, 비상교육.

허희옥(2006), 「내러티브 사고 양식인 스토리텔링 기법을 이용한 멀티미디어 교육 컨텐츠 개발」, 『교육공학연구』 22-1, 한국교육공학회.

David Herman(2003), 『Narrative theory and cognitive science』, Stanford, CA: CSLI Publications.

Robin Fogarty·Judy Stoehr(2007), 『Integrating Curricula with Multiple Intelligences』, 박채형·박한숙·정광순·조상연·홍영기 공역(2014), 『(통합수업을 시작하려는 교사를 위한) 다중 지능 활용 통합교육과정 만들기』, 교육과학사.

Susan M. Drake(1998), 『Creating Integrated Curriculum』, 박영무·허영식·유제순 공역(2009), 『교육과정 통합의 기초』, 교육과학사.

Susan M. Drake(2007), 『Creating Standards-based Integrated Curriculum』, 유제순·장인한 공역(2012), 『통합 교육과정 개발과 평가의 기초』, 교육과학사.

6장

교육부(2015a), 「2015 개정 교육과정에 따른 과학과 교육과정」, 교육부 고시 제 2015-74호.

교육부(2015b), 「2015 개정 교육과정에 따른 수학과 교육과정」, 교육부 고시 제 2015-74호.

교육부(2015c), 「2015 개정 교육과정에 따른 미술과 교육과정」, 교육부 고시 제

2015-74호.

교육부(2018), 『초등학교 3~4학년군 과학 교사용 지도서』.

강남화·이은미(2013), 「2009 개정 과학교육과정에 따른 고등학교 물리 교과서 탐구활동 분석」, 『한국과학교육학회지』 33-1, pp.132~143, 한국과학교육학회.

김고경(2019), 「협동학습 기반 융합교육 프로그램을 통한 초등학교 6학년 학생들의 인성요소 발달 탐색」, 한국교원대학교 석사학위논문

김석우 외(2007), 『교사를 위한 현장연구의 이론과 실제』, 학지사.

김영천(2016), 『질적연구방법론 1: Bricoleur』, 아카데미프레스.

김찬종·채동현·임채성(2002), 『과학교육학개론』, 북스힐.

김희백 외(2017), 『미래세대 과학교육표준 개발을 위한 기초 연구 사업 최종보고서』, 한국과학창의재단.

문주영·신영준 (2018), 「과학중심 STEAM 프로그램이 과학긍정 경험에 미치는 효과: 초등학교 과학 '지구와 달' 단원을 중심으로」, 『과학교육연구지』 42-2, pp.214~229, 경북대학교 과학교육연구소.

박준형·전영석(2014), 「무게 단원 수업에서 겪는 교사와 학생의 어려움 분석」, 『한국과학교육학회지』 34-3, pp.295~301, 한국과학교육학회.

박호걸(2015a), 『제3의 홈 포디 프레임』, 포디수리과학창의연구소.

박호걸(2015b), 「창의적 사고 과정의 콘텐츠 개발과 적용 방안-4D Frame을 중심으로-」, 서울과학기술대학교 석사학위논문.

백성혜·오세린·이영준·정은영·최성욱·최정원·최지연(2017), 『융합교육의 이해: 융합교육입문서』, ㈜이모션티피에스.

변기용(2020), 『근거이론적 방법: 현장 기반 이론 생성을 위한 질적 연구』, 학지사.

송진웅 외(2018), 『미래세대를 위한 과학교육표준 개발』, 한국과학창의재단.

송진웅 외(2019), 『모든 한국인을 위한 과학적 소양 미래세대 과학교육표준』, 한국과학창의재단.

이신동·이정규·박춘성(2019), 『최신 영재교육학개론』, 학지사.

천호성(2008), 『교실 수업의 혁신과 지원을 위한 수업 분석의 방법과 실제: 질적 연구 방법을 중심으로』, 학지사.

Ben Baumfalk · Devarati Bhattacharya · Tina Vo·Cory Forbes · Laura Zangori·Christina Schwarz(2019), 「Impact of model-based science curriculum and instruction on elementary students' explanations for the hydrosphere」, 『Journal of zresearch in Science Teaching』 56-5, pp.570~597.

Dante Cisterna·Cory T. Forbesm·Ranu Roy(2019), 「Model-based teaching and learning about inheritance in third-grade science」, 『International Journal of Science Education』 41-15, pp.2177~2199.

Igal Galili(2001), 「Weight versus gravitational force: historical and educational perspectives」, 『International Journal of Science Education』 23-10, pp.1073~1093.

John W. Creswell(2017), 『Qualitative Inquiry and Research Design: Choosing among Five Approaches』, Sage Pubns

NGSS Lead States(2013), 『Next Generation Science Standards: For States, By States』, Washington DC: The National Academies Press.

Poliana Flávia Maia·Rosária Justi(2009), 「Learning of Chemistry Equilibrium through Modelling-based Teaching」, 『International Journal of Science Education』 31-5, pp.603~630.

Robert P. Crease(2003), 『The Prism and the Pendulum: The Ten Most Beautiful Experiments in Science』, Random House.

7장

김경화(2011), 「쉬베르크와 전통-음악적 아이디어와 기초악상을 중심으로」, 『서양음악학』 14-3, pp.277~314, 한국서양음악학회.

김희진(2022), 「칙센트미하이의 시스템 이론으로 해석하는 쉬베르크의 12음기법의 새로움」, 『문화와 융합』 44-12, pp.401~411, 한국문화융합학회.

국가교육과정정보센터(http://ncic.re.kr)

오희숙(2004), 『20세기 음악 2-시학』, 심설당.

Arnold Schoenberg(1975a), 「Composition with Twelve Tones」, In L. Stein(Ed.), L. Black(Tr), 『Style and Idea: Selected Writings of Arnold Schoenberg』, pp.214~245, London: Farber & Farber.

Arnold Schoenberg(1975b), "My Evolution." In L. Stein(Ed.), L. Black(Tr), 『Style and Idea: Selected Writings of Arnold Schoenberg』, London: Farber & Farber, pp.79~92.

Arnold Schoenberg(1975c), "National Music." In L. Stein(Ed.), L. Black(Tr), 『Style and Idea: Selected Writings of Arnold Schoenberg』, pp.169~174, London: Farber & Farber.

Mihaly Csikszentmihalyi(1988), "Society, Culture, and Person: A Systems View of

Creativity." In R. J. Sternberg(Ed.), 『The Nature of Creativity: Contemporary Psychological Perspectives』, pp.325~339, Cambridge: Cambridge University Press.

Mihaly Csikszentmihalyi(1999), "Implications of a Systems Perspective for the Study of Creativity." In R. J. Sternberg(Ed.), 『Handbook of Creativity』, pp.313~335, Cambridge: Cambridge University Press.

Mihaly Csikszentmihalyi·Rustin Wolfe(2000), 「New Conceptions and Research Approaches to Creativity: Implications of a Systems Perspective for Creativity in Education」, In K. A. Heller·F. J. Mönks·R. Subotnik·Robert J. Sternberg(Ed.), 『International Handbook of Giftedness and Talent』, pp.81~93, Oxford: Elsevier.

8장

강경희(2018), 「과학중심 유아 STEAM 교육 프로그램 개발 및 적용」, 가천대학교 일반대학원 박사학위논문.

교육과학기술부(2011), 「과학기술예술 융합 STEAM 교육 활성화 방안 발표 보고서」.

교육부·보건복지부(2019), 『2019 개정 누리과정 해설서』, 교육부.

곽영숙·이새롬·조민희·최정현(2020), 『문제해결력과 창의력을 지닌 주도적 유아를 위한 유아 융합(STEAM)교육』, 어가.

김진수(2013), 『STEAM 교육론』, 양서원.

백성혜·김상인(2019), 『창의융합교육의 이론과 실제』, 만남과 치유.

백성혜·오세라·이영준·정은영·최성욱·최정원·최지연(2017), 『융합교육의 이해』, 이모션북스.

송민서·김형재(2016), 「과학 중심 융합인재교육(S-STEAM) 프로그램이 유아의 창의성 및 다중지능에 미치는 영향」, 『한국산학기술학회논문지』 17-4, pp.361~372, 한국산학기술학회.

신재한(2013), 『STEAM 융합교육의 이론과 실제』, 교육과학사.

장명림(2015. 4), 「융합인재 양성을 위한 누리과정의 현황과 개선과제」, 『한국유아교육학회 2015년 춘계정기학술대회 자료집』, pp.80~98.

지옥정·김수영·정정희·고미애·조혜진(2021), 『유아교육개론』, 창지사.

Susan M. Drake(1993), 『Planning integrated curricululm: The call to adventure. Alexandria』, VA: ASCD.

10장

교육부(2022), 『초·중등학교 교육과정 총론』, 교육부.

김성수(2019), 「수학포기자의 수학포기경험에 대한 교육과정 사회학적 해석」, 경희대학교 박사학위논문.

김용·한은정·이호준·한영은(2022), 『세종시 학교평가 개선 방안 연구』, 세종특별자치시교육청.

이재준(2021), 「융합교육 연구동향 분석 - 2015~2019까지의 국내 석사학위논문을 중심으로」, 한국교원대학교 석사학위논문.

이형빈(2015), 「교육과정-수업-평가 유형과 학생 참여 양상 연구」, 경희대학교 박사학위논문.

한국교육연구네트워크(2018), 『진보주의 교육의 세계적 동향』, 살림터.

11장

강영숙·구은정(2016), 「교사의 수업 역량 강화를 위한 Flipped-STEAM 수업 모형 개발 및 적용」, 『한국과학예술융합학회』 25, pp.1~17, 한국전시산업융합연구원.

교육과학기술부(2010), 「창의인재와 선진과학기술로 여는 미래 대한민국-2011년도 교육과학기술부 업무보고서」.

교육과학기술부(2011), 『과학과 교육과정』, 교육과학기술부 고시 제2011-361호 [별책9].

교육부(2015), 『초·중등학교 교육과정』, 교육부 고시 제2015-80호[별책1].

교육부(2017), 「융합인재교육(STEAM) 중장기 계획(2018~2022)」.

교육부(2020), 「학습의 패러다임을 바꾸어 가는 융합교육 종합계획(2020~2024)」.

김성원·정영란·우애자·이현주(2012), 융합인재교육(STEAM)을 위한 이론적 모형의 제안」, 『한국과학교육학회지』 32-2, pp.388~401, 한국과학교육학회

김세영(2015), 「Schwab의 실제적 접근 중심의 교육과정 연구방법 탐색」, 『교육과정연구』 33-1, pp.167~194, 한국교육과정학회.

김영민·이영주·김기수(2016), 「융합인재교육(STEAM) 심화과정 연수에 대한 초·중등교사의 인식 및 교육요구도 분석」, 『실과교육연구』 22-2, pp.51~70, 한국실과교육연구학회.

김유경·방정숙(2015), 「수학 기반 융합수업 모형의 가능성 탐색」, 『초등수학교육』 18-2, pp.107~122, 한국수학교육학회.

김지연·김신혜·양지웅(2020), 「융합수업에 대한 현직교사의 인식: 융합수업의 개념, 어려움 및 지원방안을 중심으로」, 『학습자중심교과교육연구』 20-12, pp.373-400, 학습자중심교과교육학회.

박정미·이경화(2019), 「고등학교 교사의 창의융합수업에 대한 인식 및 창의융합역량 차이 분석」, 『학습자중심교과교육연구』 19-13, pp.783~802, 학습자중심교과교육학회.

박주경·오영열·임희정·강옥려·김광수·문성환·이윤형(2021), 「4차 산업혁명 시대 초등학생의 융합적 문제해결력 함양을 위한 수업모형 탐색」, 『한국초등교육』 31, pp.193~209, 서울교육대학교 초등교육연구소.

신세인·이준기(2017), 사회네트워크 분석법을 활용한 중등교사들의 융합 및 융합교육에 대한 인식 탐색, 『융합교육연구』 3, pp.35~52, 융합교육연구소.

신영준·한선관(2011), 「초등학교 교사들의 융합인재교육(STEAM)에 대한 인식 연구」, 『초등과학교육』 30-4, pp.514~523, 한국초등과학교육학회.

우연경·김태은·이재진(2019), 「창의 융합형 인재 양성을 위한 수업 개선: 중등 교사 인식 및 요구」, 『중등교육연구』 67-4, pp.643~672, 경북대학교 중등교육연구소.

이동희·김진옥·김진수(2015), 「STEAM 교육의 창의적 설계 단계에 대한 절차 모형의 개발 및 적용」, 『한국기술교육학회지』 15-1, pp.150~170, 한국기술교육학회.

이만재·권순희(2017), 「STEAM 교육 정책 운영 초등 교사들의 인식 조사: 교과(융합) 교육에 대한 함의」, 『교육연구』 69, pp.121~141, 한국교육생산성연구소.

이영태·남창우(2015), 「고등학교 창의·융합수업을 위한 교수·학습모형 개발」, 『교육공학연구』 31-3, pp.533~569, 한국교육공학회.

이지원·박혜정·김중복(2013), 「융합 인재 교육(STEAM) 연수를 통해 교수·학습 자료 개발 및 현장적용을 경험한 초등교사들의 인식 조사」, 『초등과학교육』 32-1, pp.47~59, 한국초등과학교육학회.

이한나(2019), 「통합교육과정 실행으로 본 내러티브적 지식으로서 교사 지식 탐구」, 한국교원대학교 대학원 박사학위논문.

이한나·정광순·백성혜(2021), 「교사의 실행에 기반한 융합수업 모형 개발」, 『통합교육과정연구』 15-3, pp.49~72, 한국통합교육과정학회.

임수민·김영신·이태상(2014), 「융합인재교육(STEAM)의 현장적용에 대한 초등 교사들의 인식조사」, 『과학교육연구지』 38-1, pp.133~143, 경북대학교 과학교 육연구소.

최유현·노진아·이봉우·문대영·이명훈·장용철·박기문·손다미·임윤진·이은상 (2012), 「창의적 융합인재양성을 위한 STEAM 교육과정 모형 개발」, 『한국기 술교육학회지』 12-3, pp.63~87, 한국기술교육학회.

Freema Elbaz(1983), 『Teacher thinking: A study of practical knowledge』, New York: Nichols Publishing Company.

Joseph J. Schwab(1969), 「The Practical: A Language for Curriculum」, 『The School Review』 78-1, pp.1~23.

Joseph J. Schwab(1971), 「The practical: Art of eclectic」, 『The School Review』 79-4, pp.493~542.

융합교육으로
미래교육의
길을 찾다